Esquizofrenias reunidas

CARAMBAIA
10 ANOS

ESMÉ WEIJUN WANG

Esquizofrenias reunidas
Ensaios

Tradução
Camila von Holdefer

Posfácio
Ary Gadelha

Diagnóstico 11

Para uma patologia do possuído 39

Alto funcionamento 57

Yale não vai te salvar 75

A escolha dos filhos 97

Na unidade 115

O Slender Man, o Nada e eu 133

Realidade na tela 145

John Doe, psicose 155

Dias de danação 169

L'Appel du vide 185

Chimayó 195

Fazer a curva 213

Agradecimentos 231

Posfácio 235
Ary Gadelha

para Chris
e
para todos os que foram tocados
pelas esquizofrenias

A recuperação [da esquizofrenia], que quase nunca é total, vai de um nível tolerável para a sociedade a um que pode não exigir hospitalização permanente, mas que na realidade não possibilita nem mesmo a aparência de uma vida normal. Mais do que qualquer sintoma, a característica definidora da doença é o profundo sentimento de incompreensão e inacessibilidade que aqueles que têm esse diagnóstico provocam nas outras pessoas.

— Sylvia Nasar, *Uma mente brilhante*

Como posso continuar assim?
E como não?

— Susan Sontag

Diagnóstico

A esquizofrenia aterroriza. É o transtorno arquetípico da insanidade. A loucura nos assusta porque somos criaturas que anseiam por estrutura e sentido; dividimos os intermináveis dias em anos, meses e semanas. Almejamos maneiras de cercear e controlar a má sorte, a doença, a infelicidade, o desconforto e a morte – todos os desenlaces inevitáveis que fingimos que são tudo menos isso. Ainda assim, a luta contra a entropia parece incrivelmente fútil diante da esquizofrenia, que se esquiva da realidade em detrimento da própria lógica interna.

As pessoas falam dos esquizofrênicos como se estivessem mortos sem terem morrido, ausentes aos olhos dos que lhes são próximos. Esquizofrênicos são vítimas da palavra russa гибель (*gibel*), que é sinônimo de "ruína" e "catástrofe" – não a morte nem o suicídio, necessariamente, mas uma funesta suspensão da existência; deterioramos de um jeito que para os outros é doloroso. O psicanalista Christopher Bollas define a "presença esquizofrênica" como a experiência psicodinâmica de "estar com [um esquizofrênico] que aparentemente fez a travessia do mundo humano para o ambiente não humano", porque outras catástrofes humanas são capazes de suportar o peso da narrativa humana – guerra, sequestro, morte –, mas o caos inerente à esquizofrenia resiste ao sentido. Tanto *gibel* quanto "presença esquizofrênica" tratam do sofrimento dos que estão próximos àquele que está sofrendo em primeiro lugar.

Porque o esquizofrênico sofre. Tenho andado psiquicamente perdida num quarto escuro feito breu. Há o chão, que não pode estar em nenhum outro lugar senão bem debaixo dos meus próprios pés anestesiados. Essas âncoras em forma de pés são os únicos pontos de referência confiáveis. Se fizer um movimento errado, vou ter de encarar a terrível consequência. Nesse abismo desolador, a chave é não ter medo, porque o medo, embora inevitável, só agrava a horrível sensação de estar perdida.

De acordo com o Instituto Nacional de Saúde Mental (NIMH na sigla em inglês para National Institute of Mental Health), a esquizofrenia afeta 1,1% da população adulta dos Estados Unidos. O número cresce quando se considera o espectro psicótico completo, também conhecido como "as esquizofrenias": 0,3% da população dos Estados Unidos foi diagnosticada com transtorno esquizoafetivo[1]; 3,9% foram diagnosticados com transtorno de personalidade esquizotípica[2]. Estou ciente das implicações da palavra "afeta", que carrega um viés neurotípico, mas também acredito no sofrimento das pessoas diagnosticadas com esquizofrenias e da nossa mente atormentada.

Fui oficialmente diagnosticada com transtorno esquizoafetivo do tipo bipolar oito anos depois de ter vivenciado as primeiras alucinações, altura em que tive a primeira suspeita

---

1   The National Alliance on Mental Illness. [TODAS AS NOTAS SÃO DA AUTORA, EXCETO MENÇÃO CONTRÁRIA.]

2   Daniel R. Rosell et al., "Schizotypal Personality Disorder: A Current Review", *Current Psychiatry Reports*, 2014, vol. 16, n. 452. Acesso em: 26 out. 2017.

de um novo inferno no meu cérebro. A demora ainda me surpreende. Fui diagnosticada com transtorno bipolar em 2001, mas escutei a primeira alucinação auditiva – uma voz – em 2005, com vinte e poucos anos. Sabia o suficiente de psicologia anormal[3] para compreender que pessoas com transtorno bipolar podiam vivenciar sintomas de psicose, mas não deveriam vivenciá-los fora de um episódio de humor. Comuniquei isso à dra. C, minha psiquiatra na época, mas ela jamais pronunciou as palavras "transtorno esquizoafetivo", mesmo quando relatei que desviava de demônios invisíveis no campus e que observara uma locomotiva completamente formada rugir na minha direção antes de sumir. Comecei a chamar essas experiências de "distorções sensoriais", uma expressão que a dra. C prontamente adotou na minha presença no lugar de "alucinações", que é o que eram.

Alguns não gostam de diagnósticos, chamando-os, de forma grosseira, de caixas e rótulos, mas sempre encontrei consolo em condições preexistentes; gosto de saber que não estou na vanguarda de uma experiência inexplicável. Durante anos, sugeri à dra. C que transtorno esquizoafetivo talvez fosse um diagnóstico mais preciso para mim do que transtorno bipolar, mas em vão. Acho que ela estava receosa de me transferir oficialmente do terreno mais comum dos transtornos de humor e ansiedade para os confins das esquizofrenias, o que me sujeitaria à autocensura e ao estigma dos outros – incluindo aqueles com acesso ao meu prontuário. A dra. C continuou a tratar minha condição com estabilizadores de humor e antipsicóticos pelos oito anos seguintes, sem sugerir uma única vez sequer que minha doença pudesse ser outra coisa. Então comecei a desmoronar de verdade, e mudei para uma nova

---

3   Ramo da psicologia que estuda padrões incomuns de percepção emocional e de pensamento. [NOTA DA REVISORA TÉCNICA]

psiquiatra. Com relutância, a dra. M me diagnosticou como tendo transtorno esquizoafetivo do tipo bipolar, que continua a ser meu diagnóstico psiquiátrico principal. É um rótulo com o qual por ora estou bem.

Um diagnóstico é reconfortante porque fornece um contexto – uma comunidade, uma linhagem – e, se a sorte estiver a caminho, um tratamento ou uma cura. Um diagnóstico diz que sou louca, mas de um jeito específico: um que tem sido vivenciado e registrado não só em tempos modernos, mas também pelos antigos egípcios, que descreveram uma condição similar à esquizofrenia no Livro dos Corações e atribuíram a psicose à perigosa influência de um veneno no coração e no útero. Os antigos egípcios entendiam a importância de observar padrões de comportamento. Útero, histeria; coração, associações frouxas. Viram a utilidade de dar nomes a esses padrões.

Meu diagnóstico de transtorno esquizoafetivo do tipo bipolar resultou de uma série de mensagens entre mim e minha psiquiatra, enviadas por meio da minha página no site do plano de saúde.

De: Wang, Esmé Weijun
Enviada: 19/2/2013 9h28
Para: Dra. M

infelizmente não tenho andado bem faz alguns dias (desde domingo)

no final do domingo estava chateada porque o dia tinha passado numa "névoa", ou seja, não conseguia descrever o que tinha feito o dia inteiro apesar de ter [elaborado] minuciosamente uma lista do que tinha feito naquele dia, não conseguia me lembrar de ter feito nada, era como se tivesse "perdido a noção do tempo"; também estava muito cansada e tirei 2 cochilos (não tomei mais Klonopin[4] do que o normal naquele dia, na verdade diria que tomei menos, talvez 2 mg)

na segunda me dei conta de que estava tendo o mesmo problema; dificuldade de funcionar no trabalho, especialmente com a concentração; encarava a mesma frase por um bom tempo e ela não fazia sentido; tirei um cochilo num sofá no escritório; de novo senti que o dia tinha passado sem eu existir nele; lá pelas 16 não sabia bem se eu era real ou se qualquer coisa era real, também me preocupava se tinha um rosto, mas não queria olhar para ver se tinha um rosto e estava inquieta com a perspectiva de outros rostos. sintomas cont. hoje

De: Dra. M
Recebida: 19/2/2013 12h59
Certo, só releia isso de novo – definitivamente parece que o problema é mais a psicose. Aumentar o Seroquel pode ser a saída (para um comprimido e meio – a dose máxima é de 800 mg). Acho que você pode ter transtorno esquizoafetivo – uma variante levemente diferente de bipolar I.

Aliás, você leu *The Center Cannot Hold* [O centro não está mais lá], da Elyn Saks? Tenho curiosidade de saber o que você acha dele

Anos depois, leio as entrelinhas da curta resposta da dra. M. Ela descreve o transtorno esquizoafetivo como "uma variante levemente diferente de bipolar I", mas não especifica o que quer dizer com "variante" – uma variante do quê? Tanto a esquizofrenia quanto o transtorno bipolar são considerados Eixo I no *Manual Diagnóstico e Estatístico de*

4 Clonazepam, similar ao Rivotril. [NOTA DA TRADUTORA]

Transtornos Mentais[5], transtornos clínicos; talvez "variante" se refira àquele reino enorme que inclui os ecossistemas da depressão e da ansiedade na própria geografia.

A dra. M lança, como se fosse um adendo, uma menção ao livro de memórias sobre a esquizofrenia mais famoso dos últimos trinta anos, escrito pela ganhadora de uma bolsa MacArthur Elyn R. Saks. A menção a Saks é um possível amortecedor para a má notícia de um diagnóstico terrível. Também pode ser vista como a maneira de a dra. M enfatizar a normalidade: você pode ter transtorno esquizoafetivo, *mas ainda podemos falar de livros.* Quatro anos depois, o transtorno esquizoafetivo será o que Ron Powers, em sua robusta análise da esquizofrenia intitulada *No One Cares about Crazy People* [Ninguém liga pra gente louca], chamará várias vezes seguidas de um diagnóstico pior do que a esquizofrenia, e, quatro anos depois, eu desenharia pontos de exclamação nas margens e discutiria com Powers a lápis. E ainda assim há também uma predecessora para eu admirar: Saks, que usou o dinheiro da bolsa Mac-Arthur para criar um *think tank* para questões que afetam a saúde mental, cuja vocação foi moldada pela esquizofrenia. Os que gostam de cacarejar que "tudo acontece por um motivo" podem ver na pesquisa e no ativismo de Saks, que provavelmente nunca teriam se desenvolvido tivesse ela nascido neurotípica, parte do plano de Deus.

É assim que o *Manual Diagnóstico e Estatístico de Transtornos Mentais* (*DSM-5*), uma bíblia clínica criada pela Associação Americana de Psiquiatria (APA), descreve a esquizofrenia:

---

5   Conhecido pela sua sigla em inglês, *DSM*, esse manual é revisto de tempos em tempos. No *DSM-4* (que vigorou de 1994 até 2013), os transtornos eram agrupados em eixos, como referido aqui pela autora. A abordagem multiaxial deixou de existir no *DSM-5* (2013). [N.R.T.]

Esquizofrenia, 295.90 (F20.9)[6]

A. Dois (ou mais) dos seguintes, cada um presente por uma parcela significativa de tempo durante o período de um mês (ou menos, se tratados com sucesso). Pelo menos um destes[7] deve ser (1), (2) ou (3).
  1. Delírios.
  2. Alucinações.
  3. Discurso desorganizado (p. ex., descarrilamento[8] frequente ou incoerência).
  4. Comportamento grosseiramente desorganizado ou catatônico.[9]
  5. Sintomas negativos (isto é, expressão emocional reduzida ou avolição).

B. Por uma parcela significativa de tempo desde o surgimento do distúrbio, o nível de funcionamento[10] em uma ou mais áreas importantes, tais como o trabalho, relações interpessoais ou autocuidado, é significativamente inferior ao nível atingido antes do início (ou, quando o surgimento se dá na infância ou adolescência, o nível esperado de funcionamento interpessoal, acadêmico ou ocupacional não é atingido).

---

6   Na última versão do manual, DSM-5-TR, lançada depois de a autora ter publicado este livro, há uma ligeira mudança nesse código, que agora aparece apenas como F20.9. [N.R.T.]

7   Os dois primeiros são sintomas de psicose. Ainda não vivenciei o terceiro.

8   O termo se refere a um padrão de discurso com mudanças bruscas e desconexas de um tópico a outro. Há quebra tanto na conexão lógica entre as ideias quanto no sentido. [N.R.T.]

9   No sentido clínico, comportamento catatônico não é o mesmo que catatonia no sentido leigo. De acordo com o DSM-5, catatonia pode incluir também atividade motora excessiva.

10 Para ser diagnosticada com esquizofrenia, uma pessoa deve ter baixo nível de funcionamento, embora uma pessoa que viva bem com a esquizofrenia também possa ser considerada como tendo alto nível de funcionamento.

c. Os sinais continuados da perturbação duram ao menos seis meses. Esse período de seis meses deve incluir pelo menos um mês de sintomas (ou menos, se tratados com sucesso) que correspondem ao Critério A (isto é, sintomas da fase ativa) e pode incluir períodos de sintomas prodrômicos ou residuais. Durante esses períodos prodrômicos ou residuais, os sinais do distúrbio podem se manifestar apenas como sintomas negativos ou como dois ou mais sintomas listados no Critério A presentes de forma atenuada (p. ex., crenças estranhas, experiências perceptivas incomuns).

d. O transtorno esquizoafetivo e o transtorno bipolar ou depressivo com características psicóticas foram descartados porque 1) nenhum episódio de depressão maior ou maníaco ocorreu concomitantemente aos sintomas da fase ativa, ou 2) se ocorreram episódios de humor durante os sintomas da fase ativa, estes estiveram presentes por um período menor de tempo em relação à duração total dos períodos ativo e residual da doença.

e. A perturbação não é atribuível aos efeitos fisiológicos de uma substância (p. ex., drogas de abuso, uma medicação) ou a outra condição médica.

f. Se há histórico de transtorno do espectro autista ou transtorno da comunicação surgido na infância, o diagnóstico adicional de esquizofrenia é feito apenas se delírios ou alucinações proeminentes, junto aos outros sintomas requeridos da esquizofrenia, também estiverem presentes por pelo menos um mês (ou menos, se tratados com sucesso).

Os médicos utilizam essas orientações a fim de identificar a presença da esquizofrenia. A medicina é uma ciência inexata, mas a psiquiatria é particularmente inexata. Não há nenhum exame de sangue, nenhum marcador genético que determine sem sombra de dúvida que alguém é esquizofrênico, e a própria esquizofrenia é nada mais nada menos que uma constelação de sintomas cuja ocorrência tem sido frequentemente observada em conjunto. Observar padrões e dar nomes a eles é útil sobretudo se esses padrões puderem se reportar a uma mesma causa ou, ainda melhor, a um mesmo tratamento ou cura.

A esquizofrenia é o transtorno psicótico mais conhecido. O transtorno esquizoafetivo não é tão conhecido das pessoas leigas, de modo que tenho uma música-com-dancinha pronta que uso para explicá-lo. Já brinquei no palco diante de milhares de pessoas que o transtorno esquizoafetivo é o rebento da depressão maníaca e da esquizofrenia, embora isso não seja muito preciso; uma vez que o transtorno esquizoafetivo precisa incluir um episódio de humor maior, o transtorno pode combinar mania e esquizofrenia, ou depressão e esquizofrenia. Os critérios de diagnóstico, de acordo com o DSM-5, dizem o seguinte:

> Transtorno Esquizoafetivo, tipo Bipolar 295.70 (F25.0)[11] Esse subtipo se aplica se um episódio maníaco fizer parte da apresentação. Episódios depressivos maiores também podem ocorrer.[12]
>
> A. Um período ininterrupto de doença durante o qual há um episódio de humor maior (de depressão maior ou maníaco) concomitante ao Critério A da esquizofrenia. Nota: o episódio depressivo maior deve incluir o Critério A1: Humor deprimido.

---

11 No DSM-5-TR, se usa apenas o número entre parênteses, F25.0. [N.R.T.]

12 No DSM-5-TR, essa frase foi deslocada para o final da enumeração (A a D), pois o transtorno esquizoafetivo passou a ser especificado em mais um subtipo além do bipolar (F25.0): o depressivo (F25.1), que se aplica nos casos em que "apenas episódios depressivos maiores fizerem parte da apresentação". [N.R.T.]

B. Delírios ou alucinações por duas ou mais semanas na ausência de um episódio de humor maior (depressivo ou maníaco) na duração da doença ao longo da vida.

C. Sintomas que correspondem aos critérios de um episódio de humor maior estão presentes por um período maior de tempo em relação à duração total dos períodos ativo e residual da doença.

D. A perturbação não é atribuível aos efeitos de uma substância (p. ex., drogas de abuso, uma medicação) ou a outra condição médica.

Ler a definição do DSM-5 da minha experiência vivida é ser afastada do horror da psicose e de um humor descontrolado; é revestir a circunstância crua com objetividade até as palavras perderem a cor. Recebi o novo diagnóstico de transtorno esquizoafetivo depois de doze anos sendo considerada bipolar, em meio a uma crise psiquiátrica que durou dez meses. Naquela altura, as árvores tinham perdido as folhas mortas havia muito. No início de 2013, porém, a psicose era recente. Tinha meses de apagamento frequente do tempo pela frente; de uma perda de sentimentos em relação a meus familiares, como se tivessem sido substituídos por duplos (conhecido como delírio de Capgras); de incapacidade de ler uma página escrita, e assim por diante, o que significa que a inquietação que senti ao me dar conta de que algo estava muito errado nunca, nunca, nunca terminava.

Embora o médico alemão Emil Kraepelin leve o crédito pela identificação do transtorno que batizou de "*dementia praecox*" em 1893, foi o psiquiatra suíço Eugen Bleuler quem cunhou a palavra "esquizofrenia" em 1908. Bleuler derivou o termo das raízes gregas *esquizo* ("divisão") e *frenia* ("mente") para fazer referência aos chamados "descarrilamentos" que são comuns no transtorno. A noção de uma mente dividida levou a uma incorporação rasteira – ou seja, tão capacitista quanto incorreta – da palavra "esquizofrenia" ao vocabulário. Em um artigo publicado na *Slate* em 2013, "*Schizophrenic* Is the New *Retarded*" [O *esquizofrênico* é o novo *retardado*], o neurocientista Patrick House observou que "um mercado de ações pode ser esquizofrênico quando é volátil, um político, quando rompe com as linhas partidárias, um compositor, quando é dissonante, um código tributário, quando é contraditório, o clima, quando é inclemente ou um rapper, quando se destaca como poeta". Em outras palavras, a esquizofrenia é confusa, desconcertante, insensata, imprevisível, inexplicável e pura e simplesmente péssima. A esquizofrenia também é confundida com o transtorno dissociativo de identidade, mais comumente conhecido como transtorno de personalidade múltipla, graças ao uso corrente de "personalidade dividida" para fazer referência a um transtorno que não tem relação com personalidades fragmentadas. E, embora a psicose seja um fenômeno compartilhado por outros transtornos além da esquizofrenia, as palavras "psicopata" e "psicótico" são utilizadas para fazer referência a qualquer coisa entre ex-namoradas insuportáveis e assassinos em série sedentos de sangue.

Ainda que a cunhagem de Bleuler seja seu legado mais duradouro, ele passou a conduzir também a maior parte do trabalho pioneiro sobre esquizofrenia, incluindo a monografia seminal *Dementia Praecox, or The Group of Schizophrenias*. Como Victor Peralta e Manuel J. Cuesta descrevem em "Eugen Bleuler and the Schizophrenias: 100 Years After" (*Schizophrenia Bulletin*), Bleuler concebia as esquizofrenias como "um gênero em vez de uma espécie". Como conceito, as esquizofrenias englobam uma variedade de transtornos psicóticos e é um gênero com o qual escolho me identificar como uma mulher cujo diagnóstico é estranho para a maioria – o troço peludo de dentes afiados, e não o lobo.

O DSM é publicado pela APA, que lançou a tão aguardada e atualizada "bíblia dos transtornos mentais", o DSM-5, em maio de 2013. Atualizações do DSM não são programadas como um relógio; com efeito, o DSM-4 só foi lançado em 1994, e o DSM-3, que contém o vergonhoso diagnóstico de "homossexualidade egodistônica", saiu em 1980.[13] Não sou psiquiatra, psicóloga ou terapeuta, mas sou uma paciente cuja vida é afetada pelos rótulos que o DSM fornece, e estava curiosa para ver o que, além da mudança de algarismos romanos para arábicos, ia ser alterado. No fim das contas, é fácil esquecer que os diagnósticos psiquiátricos são constructos humanos, não são transmitidos por um Deus onisciente em tabuletas de pedra; "ter esquizofrenia" é se encaixar num conjunto de sintomas listados em um livro roxo feito por humanos.

Com a chegada do DSM-5 veio a mudança mais significativa na bíblia psiquiátrica: não nos diagnósticos em si dentro do DSM, nem nos sintomas que estabelecem os diagnósticos, mas em vez disso na ideia de definir a psiquiatria em si. O NIMH, uma parte do Departamento de Saúde e Serviços Humanos dos Estados Unidos – imortalizado pelo filme de animação de 1982 *The Secret of NIMH*[14], que retrata a organização como uma entidade sinistra e antiética –, mudou o cenário ao decretar que o DSM "já não é suficiente para os pesquisadores", de acordo com o diretor do NIMH, Tomas Insel. A APA e o NIMH não iriam mais se unir em uma discussão uniforme do "que é a psiquiatria"; em vez disso, o NIMH declarou que estava, e estivera, trilhando o próprio caminho.

---

13 Como indicado anteriormente, houve uma revisão do DSM-5 após a publicação original deste livro. Critérios diagnósticos referentes à esquizofrenia não mudaram do DSM-5 para o DSM-5-TR. [N.R.T.]

14 Lançado no Brasil como *A ratinha valente*. [N.T.]

A psiquiatria dá ênfase à avaliação de um médico como principal ferramenta para um diagnóstico. Alguém sofrendo com problemas de saúde mental pode receber primeiro um exame de sangue ou uma tomografia cerebral por um médico de atenção básica. Se esses exames retornarem sem acusar nada, é papel do psiquiatra fazer perguntas destinadas a descobrir se a pessoa doente se qualifica para um dentre as centenas de diagnósticos delineados pelo DSM, cada um dos quais se baseia em grupos de sintomas e em padrões observados ou relatados. (Os transtornos estão indexados com números decimais, fazendo com que a empreitada pareça ainda mais Científica com C maiúsculo. Passei uma grande parte da adolescência dando uma olhada nos números do meu prontuário, tentando memorizá-los para poder consultá-los mais tarde. A esquizofrenia é 295.90[15]; meu diagnóstico de transtorno esquizoafetivo do tipo bipolar é 295.70 [F.25.0][16].) Humanos são os árbitros dos diagnósticos que são dados a outros humanos – que estão, na maior parte dos casos, sofrendo, e à mercê de médicos cujas decisões diagnósticas têm enorme poder. Dar a alguém o diagnóstico de esquizofrenia vai impactar a maneira como as pessoas se veem. Vai alterar a maneira como interagem com os amigos e a família. O diagnóstico vai afetar a maneira como são vistas pela comunidade médica, pelo sistema jurídico, pela Administração de Segurança no Transporte, e assim por diante.

---

15 Essa numeração caiu no DSM-5-TR, e o diagnóstico passou a ser identificado apenas por F20.9. Isso porque 295.90 era o código para esquizofrenia do CID-9 (Classificação Estatística Internacional de Doenças e Problemas Relacionados com a Saúde), em vigor até 2014. Esse número ainda aparece no DSM-5, seguido do número entre parênteses, que é o código do CID-10 e do atual CID-11. No DSM-5-TR se usa apenas o novo código. [N.R.T.]

16 No DSM-5-TR esse diagnóstico é: Transtorno Esquizoafetivo (F20.9), especificado como tipo bipolar (F25.0). [N.R.T.]

A queixa mais comum sobre o DSM-5, e sobre as versões anteriores do DSM, é que os transtornos listados são baseados em agrupamentos de sintomas em vez de em medições objetivas. Eu me dei conta do quanto essas definições são arbitrárias na prática quando trabalhei como gerente de laboratório no Departamento de Psicologia de Stanford, onde fazia entrevistas clínicas para avaliar possíveis indivíduos para estudo. Na época, o Laboratório de Transtornos de Humor e Ansiedade de Stanford se baseava na Entrevista Clínica Estruturada para os Transtornos do DSM-4 [SCID na sigla em inglês], a fim de determinar se alguém se qualificava para o diagnóstico que estávamos tentando estudar. Passei por um ano de treinamento, incluindo meses de prática de entrevistas por telefone, fazendo uma prova escrita, passando por uma bateria de entrevistas simuladas com colegas de trabalho e por várias entrevistas oficiais com supervisão, até estar qualificada para fazer sozinha uma SCID de duas a três horas de duração.

"Fazer uma SCID" significa submeter um potencial sujeito de estudo a uma bateria de perguntas extraídas do fichário da SCID – uma pilha de papéis com uma lombada de vários centímetros de espessura. A entrevista começa com a coleta de dados demográficos preliminares, e segue em frente conduzindo uma pessoa por um fluxograma de diagnóstico. Por exemplo, "Você já ouviu coisas que as outras pessoas não conseguiam ouvir, como barulhos ou vozes de pessoas sussurrando ou falando? Você estava desperto na ocasião?" desemboca em "O que você ouvia? Com que frequência ouvia?", se a resposta for sim. Se a resposta for não, a próxima pergunta vira "Você já teve visões ou viu coisas que as outras pessoas não conseguiam ver? Você estava desperto na ocasião? Quanto tempo duraram?". No final da entrevista, o entrevistador determina o diagnóstico principal do entrevistado e o escreve a caneta.

No nosso laboratório, fazer uma SCID era não só a tarefa de maior prestígio que um colaborador podia realizar como também era a mais exaustiva do ponto de vista emocional. Fazer uma única SCID com frequência significava ouvir a litania das experiências e lembranças mais excruciantes de uma pessoa. Não era permitido chorar durante essas entrevistas, mas muitas vezes eu reprimia as lágrimas durante as mais intensas. Era frustrante ver os entrevistados chegarem e revelarem seus pontos fracos na forma de feridas abertas, só para ter de rejeitar a participação deles nos estudos para os quais haviam se candidatado, e quase sempre por motivos que pareciam insignificantes. Um homem que lembrava o Bisonho do Ursinho Pooh e que chorava à toa e parecia claramente deprimido podia ser eliminado do nosso grupo de participantes com "transtorno depressivo maior" (TDM) por não se enquadrar em todos os requisitos. De acordo com o DSM-4, ele precisaria se enquadrar em cinco ou mais de uma lista de nove sintomas – incluindo fadiga ou perda de energia, perda ou ganho de peso ou sensação de inutilidade – durante a maior parte do tempo ao longo do mesmo período de duas semanas. Pelo menos um dos sintomas deveria ser humor deprimido, ou perda de interesse ou prazer (conhecida como anedonia). Se a pessoa deprimida tivesse só quatro dos nove sintomas, ou viesse ao nosso escritório com a marca de uma semana e meia, seria registrado como "sub-TDM", porque aquilo não era uma clínica terapêutica, era um laboratório de pesquisa, e nossos sujeitos de estudo tinham de ser tão "puros" quanto possível – e fazer centenas de entrevistas, se não milhares, deixou claro para mim que diagnósticos raramente são tão simplistas.

Como pesquisadora, não tinha o luxo de poder flexibilizar os critérios. No entanto, os psiquiatras podem fazer isso, uma vez que o trabalho deles é aliviar os sintomas e o sofrimento que os acompanha, em vez de localizar, diagnosticar e estudar as imaculadas ocorrências de um transtorno qualquer. Um psiquiatra tentando chegar a um diagnóstico pode percorrer um fluxograma similar ao que compõe o SCID.

Pode fazer, usando uma linguagem direta, as mesmas perguntas encontradas nos fichários pesados que eu carregava da sala de entrevistas para o escritório central; mas alguém que eu teria rotulado de "sub-TDM" provavelmente seria diagnosticado por um psiquiatra como clinicamente deprimido, levando uma receita de Prozac na esteira. A flexibilidade clínica tem seus benefícios. E também guarda um potencial de erro humano, assim como a capacidade de causar danos.

Com o advento de novas tecnologias e da pesquisa genética, a psiquiatria está se voltando cada vez mais para a biologia, com o NIMH liderando o processo. Em um *press release* do DSM-5, publicado em 29 de abril de 2013, o NIMH falou dos supostos pontos fracos das categorizações do DSM, feitas mediante agrupamentos de sintomas observados ou relatados, anunciando que pacientes com transtornos mentais "merecem mais do que isso". Simultaneamente, o NIMH promovia o próprio projeto – uma surpresa para os que não pertenciam à comunidade médica –, chamado de Critérios de Pesquisa por Domínios (RDOC). O objetivo do RDOC, segundo o Plano Estratégico de 2008 do NIMH, é "desenvolver, para fins de pesquisa, novas maneiras de classificar transtornos mentais com base em dimensões de comportamento observável e em parâmetros neurobiológicos". Em outras palavras: vamos trazer mais *hard science*[17] à psiquiatria.

Gêmeos idênticos, de acordo com estudos seminais envolvendo gêmeos na década de 1960, têm somente 40% a 50% de chance de ambos virem a desenvolver a esquizofrenia, apesar dos genes compartilhados. De acordo com o modelo diátese-estresse de doença psiquiátrica, uma vulnerabilidade genética para um transtorno emerge apenas se estres-

---

17   Algumas vezes traduzida como "ciências duras", a expressão refere-se à ciência baseada em dados sistematizados e replicáveis. [N.R.T.]

sores suficientes levarem esses genes vulneráveis a se manifestar. Quando eu trabalhava como gerente de laboratório, nós, pesquisadores, falávamos da possibilidade de nossos estudos darem um dia frutos práticos. Algum dia talvez sejamos capazes de informar os pais a respeito dos riscos genéticos dos filhos para doenças mentais, e esses pais talvez sejam capazes de aplicar medidas de prevenção antes de os primeiros sinais se tornarem visíveis. Não discutíamos os aspectos práticos ou éticos de tomar tais medidas.

Alguns estressores parecem ser pré-natais. Pessoas diagnosticadas com esquizofrenia têm maior probabilidade de nascerem no inverno do que no verão, talvez devido a infecções maternas durante a gestação – nasci num mormaço de junho no Meio-Oeste. Partos difíceis, complicações obstetrícias e situações estressantes que a mãe tenha enfrentado, como violência e guerra, também estão correlacionados. Minha cabeça tinha ficado presa atrás de um osso pélvico da minha mãe, o que traz indícios da transmissão intergeracional de um trauma; o estresse provoca o aumento do cortisol e de outras substâncias no cérebro, e minha jovem mãe recém-imigrada, recém-casada, tinha os próprios problemas psiquiátricos contra os quais lutar. Quem é que sabe o que acontece com o conjunto maleável e turvo das células fetais devido a essa tensão?

Certa vez, durante uma viagem de trem em Taiwan com minha mãe, perguntei a ela a respeito da minha tia-avó, que eu sabia que era maluca. Minha mãe pôs um caderno em cima da mesinha de refeições de armar e delineou a árvore genealógica da família. Ela desenhou X para designar aqueles que tinham algum tipo de doença mental. O que me surpreendeu não foram tanto os três X que existiam – a tia-avó que fora internada em uma instituição a maior parte da vida, apesar de pertencer à primeira geração a ir para a universidade, e que viveu uma existência trágica como a louca no sótão; o primo da minha mãe que se suicidara, aparentemente depois de um término traumático; e, claro, eu –, mas em vez disso a quantidade de entidades desconhecidas, com ramificações que levavam a espaços em branco na página. "Ninguém fala dessas coisas", ela disse. "Ninguém quer questionar quais legados genéticos podem se esconder na nossa linhagem." Quando minha primeira psiquiatra lhe perguntou à queima--roupa, mais de uma década antes, se havia doenças mentais na família, minha mãe disse não, que não havia nenhuma. Mesmo agora, ela não se considera um X na árvore genealógica, preferindo manter a si mesma como um círculo neutro, absolvida na página a despeito da própria ideação suicida, do pânico e da tendência a se esconder em armários. O lado da família do meu pai tem outros problemas, principalmente o vício, mas não é considerado responsável pelos meus pretensos genes ruins. Herdei da minha mãe um amor pela escrita e um talento para as artes visuais, assim como os dedos longos e afilados dela; também herdei uma tendência à loucura.

A resposta da APA à crítica intempestiva do NIMH veio em forma de uma declaração do presidente da Força-Tarefa do DSM-5, David Kupfer. Kupfer respondeu publicamente que o RDOC "pode algum dia [...] revolucionar nossa área", mas acrescentou que as pessoas com doenças mentais estão sofrendo neste momento. Seria maravilhoso ter marcadores genéticos e biológicos como ferramentas de diagnóstico, mas "essa promessa, que vínhamos antecipando desde a década de 1970, permanece lamentavelmente distante. [...] [O DSM-5] representa o sistema mais forte disponível atualmente para classificar os transtornos". Falando diretamente à urgência da necessidade pública, Kupfer disse: "Nossos pacientes não merecem menos do que isso".

Talvez o mais interessante no anúncio do RDOC, porém, seja o quanto um casamento do RDOC com o DSM pode se tornar complexo – e esse é um problema que os pesquisadores estão trabalhando para solucionar. A dra. Sheri Johnson, professora de psicologia na Universidade da Califórnia em Berkeley, me disse: "Acho que estamos muito longe desse casamento. O RDOC é uma iniciativa fascinante, mas de fato é projetado para nos ajudar a entender algumas dimensões neurobiológicas centrais envolvidas na saúde mental. Há um bocado de trabalho a ser feito [...] Quando tivermos essas dimensões mapeadas de forma mais clara, isso poderá mudar a tal ponto a maneira como pensamos em diagnósticos que não iremos de fato usar os mesmos tipos de categorias que aparecem no DSM".

O dr. Victor Reus, professor de psiquiatria na Universidade da Califórnia em São Francisco e psiquiatra, é igualmente cético quanto ao uso de biomarcadores como ferramentas clínicas ou de diagnóstico – pelo menos até que a pesquisa em genética se desenvolva aos trancos e barrancos. "Tudo indica que tratar biomarcadores de esquizofrenia como uma entidade seja uma tarefa sem futuro", Reus me disse em uma entrevista, "simplesmente porque há tantas maneiras diferentes pelas quais as pessoas podem desenvolver uma síndrome que se parece com a esquizofrenia, ou que preenche os critérios da esquizofrenia como agora a definimos". Ainda assim, o caso de outros transtornos pode ser diferente. "Certas categorias", Reus afirma, "cruas como estão, ainda são úteis para captar um grupo de indivíduos que provavelmente têm mais semelhanças em termos de etiologia ou de mecanismos básicos do que diferenças. E certos transtornos são melhores do que outros nesse sentido. Então o autismo[18] tem se mostrado algo bastante útil. O transtorno bipolar tem se mostrado, acho, mais útil do que a esquizofrenia. O transtorno obsessivo-compulsivo é provavelmente um dos mais específicos. A depressão é

---

18 O termo considerado mais adequado hoje é "transtorno do espectro autista". [N.R.T.]

problemática. O transtorno de ansiedade generalizada é muito problemático".

Desde 2017, o NIMH continua a financiar fortemente as pesquisas em esquizofrenias. O orçamento de 2017 do NIMH descreve um aumento de 6 milhões de dólares (até um total de 15,5 milhões) para programas elaborados tendo em vista a psicose e seu tratamento; o objetivo de iniciativas como a Recuperação após um Episódio Inicial de Esquizofrenia [RAISE na sigla em inglês] e a Rede de Intervenção Precoce na Psicose [EPINET na sigla em inglês] é "garantir que lições aprendidas com a pesquisa e a experiência clínica sejam postas em prática sistemática e rapidamente para a melhoria [de vidas]".

Por ora, os psiquiatras continuam a se basear no DSM e no DSM-5, o que significa que as mudanças na bíblia da psiquiatria continuam a afetar a vida das pessoas. A definição de "esquizofrenia" mudou com o DSM-5. Os subtipos da esquizofrenia – paranoide, hebefrênica, catatônica e indiferenciada – não existem mais no DSM, o que significa, entre outras coisas, que a cultura popular perdeu "esquizofrenia paranoide" como diagnóstico com o qual justificar atos criminosos. Os cinco sintomas-chave são assim listados: (1) delírios, (2) alucinações, (3) discurso desorganizado, (4) comportamento desorganizado ou catatônico e (5) sintomas "negativos" (sintomas prejudiciais, como a avolição). Agora uma pessoa tem de apresentar pelo menos dois dos sintomas especificados; antes, apenas um sintoma era necessário. Pelo menos um dos sintomas "positivos" – delírios, alucinações, discurso desorganizado – tem de estar presente.

O transtorno esquizoafetivo também mudou. Logo que fiquei sabendo que os critérios foram alterados, meus nervos se enrijeceram – meu diagnóstico fora suprimido? Se o diagnóstico não fora suprimido, teria então minha associação com ele sido suprimida, se não me encaixasse mais nos critérios? Mas, enquanto rolava um PDF criado pela APA para acompanhar o lançamento do DSM-5, "Destaques das mudanças do DSM-4-TR para o DSM-5", percebi que ainda me encaixava no molde. De acordo com o documento, "A principal mudança para o transtorno esquizoafetivo é a exigência de que um episódio de humor maior esteja presente *durante a maior parte da duração total do transtorno após o Critério A ter sido atendido*" (grifo meu).

Em "Schizoaffective Disorder in the DSM-5" [O transtorno esquizoafetivo no DSM-5], Dolores Malaspina et al. explicam essas mudanças ao pontuar que os sintomas psicóticos e os episódios de humor com frequência ocorrem de forma simultânea. Uma pessoa com transtorno bipolar pode vivenciar a psicose durante um episódio maníaco ou depressivo; uma pessoa com depressão maior pode vivenciar a psicose durante a depressão. Como resultado, o transtorno esquizoafetivo era diagnosticado mais vezes do que seria justificável para uma categoria diagnóstica que "foi originalmente delineada para [ser só] raramente necessária".

A nova definição de transtorno esquizoafetivo do DSM pretende lançar um olhar para quem vive a vida inteira com a doença, e não para quem vivencia um episódio dela; um olhar longitudinal para o transtorno esquizoafetivo significa que deve haver pelo menos um período de duas semanas de psicose *sem* sintomas de humor clínico, e episódios integrais de transtorno de humor devem estar presentes "desde o início dos sintomas psicóticos até o diagnóstico atual". Em outras palavras, o transtorno esquizoafetivo tem o objetivo de ser um diagnóstico incomum, e a intenção é que o indivíduo seja diagnosticado com base em uma vida inteira com a doença – e as duas coisas funcionarão se o DSM-5 fizer seu trabalho. Sob os auspícios do DSM-5, permaneço uma ave rara que, de acordo com a APA, provavelmente continuará a ter a doença pelo resto da vida. O DSM é aquilo que usamos para definir o problema, sim, mas ele tenta definir o problema de modo a acomodar o amplo e nuançado espectro da humanidade, o que pode não ser um objetivo realista. Se eu ainda fosse uma pesquisadora estudando as categorias do DSM-4 ou do DSM-5, propostas de financiamento para o NIMH teriam de incluir algo a respeito das implicações para o RDOC. No entanto, a rejeição pública do DSM pelo NIMH não tem nenhum impacto em mim como pessoa leiga, ou na minha companhia de seguros, minha terapeuta ou minha psiquiatra. E, ainda que exames de sangue e tomografias cerebrais para diagnósticos de doenças mentais estejam muito longe ou talvez nunca cheguem, os primeiros benefícios do RDOC podem nos dar uma ideia melhor de quais características biológicas indicam suscetibilidade a transtornos já definidos, assim como quais tipos de estressores têm maior probabilidade de transformar essas suscetibilidades em doença.

Continuo achando que não veremos nenhum desses desfechos enquanto eu estiver viva. Estou habituada ao mundo do DSM, que continua a ser a bíblia roxa e pesada da loucura na estante de um médico. Essa bíblia, assim como a judaico-cristã, é uma que se deforma e transforma tão rápido quanto a nossa cultura. O DSM define os problemas a fim de que possamos determinar se uma pessoa se encaixa neles, ou se uma pessoa escapa totalmente a eles – o que não é o mesmo que dizer que a vida dela muda, mesmo que o rótulo mude.

Para causas e explicações, ainda há outros caminhos a serem percorridos. Nove meses depois do meu diagnóstico de transtorno esquizoafetivo, quando estava começando a vivenciar também sintomas físicos bastante sérios – desmaio, dor crônica, alergia, fraqueza –, minha psiquiatra me enviou a uma consulta complementar de medicina alternativa (CAM na sigla em inglês), uma divisão dentro do meu plano de saúde. O médico, um homem do Sudeste Asiático, olhou minha língua. Ele usou o método chinês dos três dedos para examinar a pulsação nos meus dois pulsos. Ele me disse que o problema era óbvio: eu era um caso clássico de tipo fogo que havia saído do controle, o que explicava minha personalidade ambiciosa, minha dor, minha inflamação, minha ansiedade, minha depressão e meus sintomas de esquizofrenia. Indicou alguns pontos de acupressão que eu poderia tentar, incluindo um na curva do esterno chamado Mar da Tranquilidade. Ele me aconselhou a comer menos carne e pouca pimenta. Beberiquei um *chai latte* em um copo de isopor no consultório dele e, entre um golinho e outro, temi que sentisse o *chai* no meu hálito e me repreendesse por alimentar uma conflagração já ardente.

Mais tarde consultei *Beyond Heaven and Earth: A Guide to Chinese Medicine* [Para além do céu e da terra: um guia da medicina chinesa], de Harriet Beinfield, uma acupunturista licenciada, e Efrem Korngold, um acupunturista licenciado e praticante de medicina oriental, que explica que, quando o Qi do tipo fogo está forte demais, "o *Qi* do *Coração* pode atacar o *Pulmão*, [...] deixando o invólucro da pele aberto e solto, incapaz de proteger o corpo e reter a *Essência* e o *Espírito*". Dentre os problemas emocionais resultantes, uma pessoa pode "[se tornar] inquieta e sensível – passa facilmente do riso às lágrimas – e propensa à melancolia e à ansiedade". Uma condição reconhecível como psicose também pode resultar daí, uma vez que os autores alertam para os "estados perceptivos alterados nos quais a realidade se torna plástica e oscilante". Ser identificada como do tipo fogo, do mesmo jeito como posso ser identificada como INFJ na Tipologia de Myers-Briggs ou como Gêmeos com ascendente em Capricórnio, é aceitar as características básicas do fogo de ser intuitivo e empático e de acreditar no poder do carisma, assim como arriscar os problemas de "ansiedade, agitação e frenesi" e "as percepções e sensações bizarras" do fogo.

Esse período de mal-estar agudo e terrível no inverno de 2013, por fim diagnosticado em 2015 como doença de Lyme crônica, resultou em um teste genético de mutação MTHFR, e veio com uma riqueza de informação extra. Com base em pesquisas preliminares em um marcador rs833497 no gene DYM, meu genótipo CC me situa como alguém "com chances levemente mais elevadas" de ter esquizofrenia, em oposição ao CT (também "com chances levemente mais elevadas") ou TT ("chances normais").

De vez em quando encontro pessoas que não acreditam em doença mental. Essas pessoas podem a certa altura ter sido diagnosticadas com depressão ou ansiedade, mas no geral estão assintomáticas quando as conheço. Quase sempre afirmam que esses diagnósticos oprimem os que têm habilidades únicas. Para essas pessoas, "habilidades únicas" no geral apontam para aquelas conferidas pela psicose. Vão citar John Nash, que disse que a mesma mente que produziu seus delírios produziu as ideias brilhantes. Com frequência me dizem, com grande sinceridade, que em outras culturas uma pessoa que no Ocidente seria diagnosticada com esquizofrenia poderia ser enaltecida como xamã e curandeira. *Você já pensou*, perguntam, *que a esquizofrenia pode ser uma característica pessoal, e não uma enfermidade?* Com frequência essas pessoas declaram que não confiam na medicina. É provável que sejam do tipo que se gaba de nunca tomar uma aspirina para dor de cabeça. Menciono essas pessoas com certo cinismo, mas também me perguntei se minhas experiências com a psicose eram um dom espiritual em vez de uma anomalia psiquiátrica.

Em 2014, uma astróloga me visitou na cabana na floresta em que eu estava vivendo durante uma residência de escrita. Dado que Netuno estava em conjunção com meu ascendente, que Saturno estava em conjunção com Plutão e que Touro estava na minha quarta casa, ela me informou que eu era suscetível a sonhos intensos e a habilidades psíquicas. Devido ao meu campo energético frágil, ela disse, eu faria bem em viver uma vida tranquila. Outra astróloga, a quem consultei para uma segunda opinião, me informou que a conjunção com Netuno é uma disposição dramática. "Netuno é divindade; é acesso aos deuses", ela disse. "Mas ninguém jamais saiu melhor de uma conversa com os deuses, não é?"

Em 2016, me inscrevi num programa com duração de um ano voltado para as assim chamadas artes sagradas, ou misticismo sincrético, ou, de forma menos precisa, bruxaria. A professora das aulas de magia – uma mulher de voz doce e vocação familiar para as artes sagradas – sugeriu que eu estudasse o liminar, que é a temática que atravessa a alegação psicoespiritual de que tenho uma sensibilidade à flor da pele entre o outro mundo e aquilo a que chamamos realidade, o "campo energético frágil", o "acesso aos deuses".

Essas são o que chamo de as explicações, em vez das causas, já que embutidas nas narrativas espirituais estão as ideias sobre o Motivo com M maiúsculo, fornecendo razões maiores e mais cósmicas para a ocorrência da esquizofrenia.

Poderíamos pensar no papel da evolução como outro tipo de razão cósmica. Pesquisadores como Steve Dorus, um geneticista evolucionista da Universidade Syracuse e coautor do artigo "Adaptive Evolution in Genes Defining Schizophrenia" [Evolução adaptativa em genes definidores da esquizofrenia], devotam a carreira à investigação da curiosa persistência evolutiva da esquizofrenia. Apesar da adaptabilidade reprodutiva (definida como o sucesso reprodutivo de um indivíduo, bem como sua contribuição média ao *pool* genético) reduzida dos esquizofrênicos, Dorus et al. observaram que 28 dentre 76 variações genéticas ligadas à esquizofrenia são na verdade favorecidas. Uma possível explicação sugere que o desenvolvimento evolutivo da fala, da linguagem e da criatividade, ao mesmo tempo que concede qualidades significativas, "carrega" consigo tendências genéticas menos desejáveis; dessa perspectiva, a esquizofrenia é simplesmente o preço que a humanidade paga pela habilidade de compor óperas comoventes e discursos convincentes. Outro argumento: de um ponto de vista evolutivo, esquizofrênicos são feitos para ser líderes de seitas *ad hoc* cujas ideias bizarras dividem parcelas da população humana. Isso em si não é nem bom nem mau, ainda que a opinião de uma pessoa a esse respeito seja diferente caso ela considere que seitas ou ideias de seitas são inerentemente boas ou inerentemente más.

Ou poderíamos dizer que *a própria* esquizofrenia tem vantagens evolutivas. Alguns sugeriram que a esquizofrenia perdura porque promove a criatividade, basicamente como o argumento enfatizado em *Touched with Fire: Manic-Depressive Illness and the Artistic Temperament* [Tocada pelo fogo: a doença maníaco-depressiva e o temperamento artístico], da ganhadora de uma bolsa MacArthur Kay Redfield Jamison. Por mais tentadora que seja essa perspectiva, temo que ver a esquizofrenia como um portal para a genialidade artística glamoriza o transtorno de maneiras pouco saudáveis, impedindo assim que os que sofrem com a esquizofrenia procurem ajuda. Se a criatividade fosse mais importante que a capacidade de manter o senso de realidade, eu poderia elaborar um argumento plausível em favor de continuar psicótica, mas nem eu nem meus entes queridos estamos dispostos a pagar esse preço.

Nestas investigações do porquê e do como, tenho a esperança de descortinar uma gênese. Pan Gu, o gigante, dormia numa nuvem em formato de ovo; assim que foi libertado, deu forma ao mundo com seu sangue, ossos e carne. Deus disse: "Que haja a luz". Ymir foi alimentado por uma vaca que veio do gelo. Porque *Como isso veio a existir?* é outro jeito de perguntar *Por que isso aconteceu?*, o que é outro jeito de perguntar *O que é que eu faço agora? Mas que diabos eu faço agora?*.

Para uma patologia do possuído

Dentre os detalhes conhecidos do assassinato de Malcoum Tate, um homem de 34 anos que foi morto pela irmã mais nova na beira da estrada tarde da noite enquanto a mãe deles esperava no carro, o mais impressionante é o fato de que a irmã atirou nele treze vezes. Em 18 de dezembro de 1988, Lothell Tate, 32, usou uma arma calibre .25 que fazia com que tivesse de atirar, recarregar o pente de sete balas e atirar de novo a fim de atingir o irmão um total de treze vezes na cabeça e nas costas. Lothell e a mãe, Pauline Wilkerson, sentiram a pulsação e então deixaram o corpo de Malcoum rolar por um barranco antes de dirigir de volta para Gastonia, na Carolina do Norte.

À medida que a notícia do crime se espalhava, manchetes de jornais como o *Lakeland Ledger*, o *Herald-Journal* e o *Charlotte Observer* forneciam um contexto para as motivações de Lothell Tate e Pauline Wilkerson. As manchetes diziam "Solução final de família da Carolina do Norte foi o homicídio", "Pesadelo de família termina com o assassinato de filho-problema" e "Morte termina com o pesadelo de família". O "pesadelo" era uma vida dominada pela relação de sangue como uma ameaça contínua – um homem diagnosticado com esquizofrenia paranoide grave que fora hospitalizado diversas vezes e que estivera preso por agressão, mas que resistia à medicação e que, segundo a história, ameaçava a família constantemente como um espectro macabro. Conta-se que Malcoum afirmou que a filha de 2 anos de Lothell era o demônio encarnado e que Deus o enviara para matá-la; aparentemente, Malcoum assomava na cama delas à noite até Lothell ou Pauline acordarem num sobressalto, ao que ele riria "uma risada maluca" e sairia do quarto.

Andrew Solomon, autor vencedor do National Book Award, descreve a esquizofrenia em seu livro de 2012, *Longe da árvore: pais, filhos e a busca da identidade,* como "similar ao Alzheimer [...] uma doença que não é cumulativa, mas de substituição e apagamento; em vez de obscurecer a pessoa que se conhecia antes, a doença até certo ponto elimina aquela pessoa". Embora essa declaração não esteja diretamente referenciada nas extensas notas do livro, a descrição ainda é uma síntese sentimental de como a esquizofrenia é comumente compreendida. Estudos com imagens cerebrais de pacientes com esquizofrenia revelaram uma redução no volume de massa cinzenta, além de um aumento ventricular. Em uma entrevista da BBC com o professor Paul Thompson, da UCLA, esses exemplos de lesões nos tecidos são descritos como "[estando em deslocamento] pelo cérebro como um incêndio florestal, destruindo mais tecidos à medida que a doença [progride]".

O prognóstico desagradável da esquizofrenia hoje, tal como descrito por pesquisadores como Thompson, é essencialmente o mesmo da época de Emil Kraepelin e, mais tarde, o mesmo descrito por Eugen Bleuler. A *"dementia praecox"* era uma doença progressiva e neurodegenerativa, ao contrário da depressão maníaca ou daquilo que agora chamamos de transtorno bipolar. Kraepelin é reconhecido por ter revelado que a depressão maníaca, que também pode apresentar sintomas psicóticos, é um transtorno fundamentalmente diferente daquele que hoje é chamado de esquizofrenia, e que é também um transtorno que, ao contrário da esquizofrenia, não leva a um dano permanente do cérebro.

Em 2013, vivenciei um episódio psicótico de sete meses de duração como sintoma do transtorno esquizoafetivo com o qual fora diagnosticada em fevereiro. Desde 2002 havia tentado todo antipsicótico atípico no mercado – antipsicóticos atípicos sendo a família de fármacos preferencial para a psicose, que provou ter menor probabilidade de causar os sérios efeitos colaterais de seus predecessores –, e nenhum daqueles medicamentos funcionara para mim ainda. Mesmo o Clorazil[19], visto como o poderoso antipsicótico de último recurso devido à capacidade de causar um declínio letal na contagem de glóbulos brancos de algumas pessoas, não conseguira eliminar minhas alucinações. Estava aterrorizada e preocupada; minha família estava temerosa e preocupada; minha médica estava perplexa e preocupada. A dra. M me disse que, quanto mais tempo o episódio durasse, e quanto maior a frequência com que os episódios irrompessem, maior o dano que ocorreria no meu cérebro.

É desconcertante para qualquer um ouvir que seu cérebro está sofrendo danos devido a uma doença incontrolável. Talvez tenha sido especialmente desconcertante para mim porque meu cérebro havia sido um dos meus recursos mais valiosos desde a infância. Comecei a ler aos 2 anos; fui a primeira dentre os alunos, meninos ou meninas, a terminar os exercícios de todos os livros de matemática disponíveis na minha escola de ensino fundamental; frequentei Yale e Stanford e me graduei em Stanford com nota máxima, depois disso arranjei um emprego como gerente e pesquisadora num

---

19   Clozapina. [N.T.]

dos laboratórios de imagiologia cerebral da universidade. Minha ansiedade quanto à perda de massa cinzenta alimentava uma variedade de delírios: certa tarde telefonei alvoroçada para o meu marido no trabalho para tagarelar a respeito de aranhas devorando buracos no meu cérebro. E então tomei as palavras de Solomon como um soco no estômago, mas a afirmação dele acerca de "substituição e apagamento" reflete uma narrativa comum quando se trata da esquizofrenia, uma narrativa diferente daquelas que envolvem diagnósticos psiquiátricos como a depressão ou o transtorno obsessivo-compulsivo. A história da esquizofrenia é uma história com protagonista, "a pessoa esquizofrênica", que de início é um receptáculo bastante bom contendo coisas bastante boas, e que então se deforma pelas devastações da psicose; o receptáculo se torna propenso a ser preenchido com coisas indecentes. Por fim, os pensamentos perversos e o comportamento que podem se seguir se tornam inseparáveis daquele indivíduo, que agora está irreconhecível em relação àquilo que era.

Não há muita coisa em termos de informação pública sobre Malcoum Tate antes de ele ser diagnosticado com esquizofrenia, em 1977. O jovem Malcoum tirava notas altas. Era bom leitor e gostava de ler; e então enlouqueceu. Um dia a mãe passou de carro com ele pela Wilson Street em Baltimore, onde Malcoum viu uma caixa de correio com "Wilson" escrita nela. A lógica enviesada dessa coincidência levou Malcoum a fugir do carro, invadir a casa mais próxima e espancar brutalmente o homem que encontrou lá dentro. Essa explosão levou à primeira de cinco hospitalizações.

A Aliança Nacional contra a Doença Mental [NAMI na sigla em inglês] se descreve como "a maior organização popular de saúde mental dedicada a construir vidas melhores para os milhões de estadunidenses afetados por doenças mentais". A NAMI é também conhecida na comunidade de defensores da saúde mental como o primeiro lugar a que famílias assustadas, e com frequência em desespero, vão em busca de apoio e validação.

No site da organização, brota um pop-up com os dizeres "Chamamos isso de *efeito NAMI*". O efeito NAMI é descrito como:

Toda vez que você oferece a mão para erguer alguém.
Toda vez que você compartilha sua força e sua capacidade de seguir em frente.
Toda vez que você oferece apoio e compreensão a uma família que está cuidando de um ente querido.
O efeito NAMI cresce.
A esperança começa com *você*.

Não fica claro no pop-up quem seria o referido "você".

A NAMI se orgulha de seu ativismo: "Todos os dias, a NAMI efetivamente norteia o cenário nacional de políticas públicas para pessoas com doenças mentais e suas famílias". Tal norteamento é descrito em um relatório de 2012: as causas listadas para a "Legislação para melhorar a atenção à saúde mental nos Estados Unidos" incluem a Lei de Apoio às Famílias em Crise de Saúde Mental (HR 2646), de 2016, e a Lei do Fortalecimento da Saúde Mental nas Nossas Comunidades (HR 4574), de 2014. "Os pais da NAMI", como diz o jargão da defesa dos direitos – os pais de um(a) filho(a) ou filhos(as) com problemas de saúde mental que estão envolvidos no ativismo sancionado pela NAMI –, compareceram e discursaram nas reuniões da comissão de 2014 voltada para a Lei Estadual da Califórnia N. 1421 (AB 1421).

Discussões públicas sobre essas reuniões ocorreram nos condados da Califórnia à medida que cada um discutia se adotava ou não a AB 1421, criada em 2002 para abrir as portas para o aparentemente benigno "tratamento ambulatorial assistido", também conhecido como "tratamento involuntário de qualquer pessoa com um transtorno mental que, como resultado do transtorno mental, seja um perigo para si mesma ou para os outros, ou seja gravemente incapaz". A AB 1421 "[também] criaria um programa de tratamento ambulatorial assistido para qualquer pessoa que esteja sofrendo de um transtorno mental e atenda certos critérios". Como a ideia da Lei do Fortalecimento da Saúde Mental nas Nossas Comunidades, a AB 1421 parece incontestável em muitos sentidos: quem não ia querer oferecer ajuda a pessoas que precisam?

E ainda assim o debate envolvendo a AB 1421, como descobri em São Francisco, tocava em questões cruciais de autonomia e liberdades civis. O projeto de lei parte da premissa de que pessoas que apresentam determinado nível de transtorno mental já não são capazes de escolher o próprio tratamento, incluindo a medicação, e, portanto, devem ser forçadas a tanto. "Somos nossas escolhas", Sartre afirmou, mas o que uma pessoa se tornou quando se pressupõe que é, e de forma inata, incapaz de escolher?

O exorcista foi lançado em 1973, quatro anos antes da primeira hospitalização de Malcoum Tate. Considerado o filme mais assustador de todos os tempos pela revista *Entertainment Weekly*, *O exorcista* é descrito pela Warner Bros. como um filme sobre "uma garota inocente [...] habitada por uma entidade aterrorizante, a determinação frenética da mãe em salvá-la [...] e dois padres [...] que se unem em uma batalha contra o mal supremo".

A "garota inocente" é Reagan (Linda Blair), que é possuída pela "entidade aterrorizante" depois de usar um tabuleiro de Ouija; sua mãe é Chris (Ellen Burstyn), uma atriz ocupada que recebe convites para a Casa Branca e saltita com desenvoltura por sets de filmagens movimentados. Conhecemos Reagan quando ela salta na tela, toda olhos arregalados e franjinha bem cortada, para cumprimentar a mãe com um beijo. Como foi o dia dela? Bom, ela brincou no quintal, teve um piquenique, e também viu "um lindo cavalo cinza". Ela enfatiza seu papel como uma típica menininha meiga e privilegiada dos Estados Unidos quando faz um charminho: "Ah, mamãe, não dá para a gente ter um cavalo?". Até mesmo o uso do tabuleiro de Ouija amaldiçoado tem jeito de capricho: quando aparece na tela pela primeira vez usando um, com Chris ao lado dela, ela comprova a presença do espírito ao perguntar "Você acha minha mãe bonita?".

Assim que é possuída, Reagan desaparece. Ela estapeia o médico – o rosto dela parece de plástico; a voz é um grunhido irreconhecível. "Sai daqui!", grita. "A cadela é minha! Me fode!" Chris, frustrada com as explicações do dr. Klein para o comportamento da filha, pergunta: "Do que é que você está falando, pelo amor de Deus? Você não viu ela? Ela está agindo feito uma porra de uma psicótica doida ou com dupla personalidade".

Como a história de Chris em *O exorcista*, a narrativa de Pauline e Lothell fala de como as duas se sentiam aterrorizadas e sempre desapontadas. O médico de Reagan, uma figura de autoridade e fonte de esperança, é inútil. Malcoum Tate foi liberado várias vezes de prisões e hospitais assim que as autoridades determinavam que "estava melhor", ou que "não era uma ameaça a si mesmo e aos outros". Depois de ter passado o ano de 1984 inteiro hospitalizado em Baltimore, Malcoum melhorou, mas a condição regrediu aproximadamente dois anos depois de ele ter parado de tomar a medicação. Segundo Lothell, Malcoum derrubou uma porta do apartamento a chutes numa manhã do outono de 1988, fazendo com que a família fosse despejada. Em ambas as histórias de possessão temos uma sensação de desespero familiar, de não saber o que fazer.

À procura de membros locais da NAMI que tivessem defendido a AB 1421, fui posta em contato com uma mulher que vou chamar de Beth. Uma mulher tagarela e intensa que pediu anonimato, Beth é membra da NAMI desde meados dos anos 1990. Peça a ela que fale de políticas públicas de saúde mental, e ela o faz à maneira de uma pessoa que é igualmente bem informada e cheia de opiniões; suas várias ideias sobre prisões e 5150s (o código para a hospitalização involuntária) e a história dramática do próprio membro da família com doença mental vêm à tona em um jorro de estatísticas decoradas e políticas de saúde mental.

O membro da família de Beth, um homem adulto, vive com transtorno esquizoafetivo. Ao relatar o desenvolvimento da doença, ela diz a respeito dele: "Era um excelente aluno, e no ano seguinte estava tendo esses acessos de raiva". Ela tentou conseguir tratamento para ele. O sistema de saúde mental, uma confusão de clínicas privadas, hospitais e sessões de terapia limitadas pelo plano de saúde, o hospitalizou mais de setenta vezes, diz Beth, o que a colocou várias vezes em terríveis apuros financeiros. Ela continua a lutar pelas leis que acreditava que iam ajudá-lo, incluindo a AB 1421: "Se você tem um histórico [como o que ele tem] [...] de quando não está tomando a medicação, de estar tão maníaco e tão violento que ele mesmo chamou a polícia nove vezes em um ano, dizendo 'Por favor me levem para o hospital, quero matar [a Beth]', então essa pessoa devia ser medicada, não depois de me matar ou se matar".

Assinto com a cabeça enquanto falo com Beth. Digo vários "É". E me pego pensando: Como alguém pode discutir com essa mulher, que se viu numa situação terrível ao tentar ajudar uma pessoa que ela ama?

Lothell Tate explicou no tribunal: "Só dizia a mim mesma que essa é a única coisa que sei fazer, que pedimos que as pessoas nos ajudassem e imploramos para as pessoas nos ajudarem e ninguém fez nada, e estava com medo de que um dia o Malcoum fosse perder a cabeça e machucar minha filha e eu".

É impossível para mim não sentir simpatia por Beth; é impossível para mim até mesmo sentir absoluta hostilidade em relação a Lothell e Pauline, ambas consideradas culpadas no julgamento depois de apenas uma hora de deliberação do júri. Ouço a perplexidade na voz de Beth quando ela fala de como não há opções de cuidados de longo prazo – quando pergunto: "Em São Francisco ou em tudo que é lugar?", ela responde: "No país todo. A menos que você tenha bastante dinheiro". Dizer que as opções para familiares com doenças mentais graves e parentes psicóticos são limitadas é um eufemismo cômico. Pessoas como Beth chegam à NAMI porque não há mais para onde se voltar.

De-Família-para-Família é o curso clássico da NAMI, desenvolvido em 1991 pela psicóloga Joyce Burland. O curso de doze semanas, que está agora na quinta edição e do qual mais de 300 mil pessoas participaram, trata das necessidades emocionais e práticas das famílias ao lidar com a doença mental de entes queridos.

"Uma de nossas [...] crenças e preocupações fundamentais é que ter um diagnóstico de um problema de saúde mental pode ser um evento traumático", me disse Colleen Duewel, diretora nacional de educação, treinamento e do centro de apoio aos pares da organização. "E o que fazemos é oferecer aquela luz no fim do túnel da recuperação, e o 'Vocês são capazes', e 'Vocês não estão sozinhos' e 'Vocês têm o apoio e as ferramentas e a capacidade de que precisam'."

Enquanto ela discutia a natureza "traumática" de receber um diagnóstico de saúde mental, me dei conta de que o contexto eram os membros da família em torno da pessoa com uma doença mental, e não o contexto das pessoas sendo diagnosticadas com uma doença mental; na documentação do De-Família-para-Família, a NAMI declara especificamente que o programa é baseado em "um modelo traumático de cura familiar". Quando lhe perguntei se a maior parte das pessoas que vinham ao De-Família-para-Família estava "desesperada", ela fez uma pausa. Com cuidado, ela respondeu que "uma sensação razoavelmente universal é a sensação de estar sozinho [...] Como cuido de mim? Como cuido do meu ente querido? Como obtenho os recursos?". Ela emprega a expressão "fardo do cuidado" – como em "descobriu-se que o De-Família-para--Família diminui o fardo do cuidado que uma pessoa carrega porque tem um membro da família mentalmente doente".

Considerando as origens da NAMI, não é surpreendente que o foco da organização seja direcionado para os membros da família que apoiam uma pessoa com uma doença mental, e não para a pessoa com uma doença mental. Nas palavras de Duewel, a NAMI teve início quando algumas "mães sentadas em volta da mesa da cozinha disseram: 'A gente aprendeu a lição do jeito mais difícil. Como a gente pode compartilhar isso com outras pessoas, para não terem que passar pelo que a gente passou?'". Como acontece com organizações como Mães Contra Bebida e Direção [MADD na sigla em inglês], foi o poder basilar de mães zelando por seus filhos que impulsionou a criação da NAMI. Beth chama seu grupo de "Mamães da NAMI". Duewel enfatiza que "uma das coisas mais profundas que uma pessoa obtém [na NAMI] é a sensação de 'Não estou sozinho'".

Para aqueles que vivem com doenças mentais, há outras opções. Julian Plumadore, diretor da divisão de palestrantes antiestigma SOLVE[20] e antigo defensor da comunidade da

---

20 Acrônimo para Sharing Our Lives, Voices, and Experiences, ou Compartilhando nossa Vida, Voz e Experiência. Uma tradução possível para o verbo *to solve* é "solucionar". [N.T.]

Associação de Saúde Mental de São Francisco [MHASF na sigla em inglês], descreve a MHASF como uma "organização dirigida por pares e orientada para a recuperação". Conheço Plumadore porque venho dando palestras pela SOLVE desde 2013, e ouvi nas falas dele a maneira como entende a própria recuperação. Ele descreve sua história como aquela em que foi apontado como o "paciente identificado". O termo é baseado em pesquisas acerca da homeostase familiar e descreve um padrão de comportamento em que uma família disfuncional identifica um dos membros como doente mental, embora os sintomas dele sejam, na verdade, manifestações da patologia da família.

"Se eu simplesmente fosse capaz de colocar minha cabeça na porra do lugar, a vida de todo mundo estaria ótima era a mensagem que eu recebia o tempo inteiro, e então era o responsável pela felicidade das outras pessoas", ele disse – uma situação difícil para qualquer um, mas particularmente desafiadora para alguém diagnosticado com uma doença mental grave.

Plumadore, seguindo a posição oficial da MHASF a respeito da AB 1421 e de outras políticas do tipo, é contra o tratamento forçado. É cortês, mas está em claro desacordo com "os pais da NAMI". Acho que nunca o vi usando nada que não fosse uma camisa abotoada, gravata e calças de alfaiataria, o que é uma escolha consciente da parte dele; é o que usa em reuniões como as audiências da AB 1421, nas quais as diferenças visuais entre os constituintes a favor e contra a AB 1421 são óbvias. "As salas eram divididas", ele disse. "Eram visivelmente separadas em dois, e o desequilíbrio de poder naquelas salas era tangível. De um lado da sala você teria pessoas que basicamente detêm o poder na sociedade. No geral brancas, de classe média alta, profissionais e bem-vestidas, os membros das famílias; e então do outro lado você teria um grupo bem mais diversificado, no geral menos bem-vestido. [...] E", ele conclui, irônico, "dava para notar quem na sala estava de fato tendo problemas de saúde mental, e quem eram os que estavam essencialmente tentando internar essas pessoas".

Ele me falou de uma mulher, uma mãe, com quem conversou em uma audiência da AB 1421. Ela lhe falou do filho de 41 anos que está "morando em casa com ela, 'no lugar a que pertence'". Nas palavras dela, ela é "a única esperança dele". Ele sublinha as duas frases com horror. "Eles têm tanto pavor de que alguma coisa ruim aconteça [com seus entes queridos] lá fora nas ruas, ou lá fora no mundo, ou de que [os membros da família] não consigam cuidar de si mesmos, [então] os mantêm a salvo em casa. E essa situação se torna cada vez mais tensa e frustrante para todos os envolvidos."

Plumadore compreende essas situações porque foi uma dessas pessoas. As pessoas que apoiam o tratamento forçado às vezes não acreditam nele quando fala do abuso de substâncias, de ser alguém em situação de rua, ou de agir, como descreve, "de formas assustadoras em público". Está melhor agora, me diz, porque finalmente lhe disseram que ele mesmo sabe melhor do que ninguém do que precisa. Para ele, isso envolveu técnicas de redução de danos em vez de reabilitação involuntária, assim como se distanciar da família. Como conseguiu divisar um método de recuperação para si mesmo, acredita que a questão da autonomia pessoal e corporal deve ter preferência. Plumadore diz que aqueles que têm doenças mentais vivenciam quase universalmente os efeitos do trauma quando são forçados a receber tratamento, e é contra "machucar uma pessoa para ajudá-la". "Temos a decisão final quanto ao que autorizamos no nosso corpo, ao que não autorizamos, e as decisões que tomamos em relação à nossa própria vida", ele disse.

Um conceito-chave na discussão sobre esquizofrenia, transtornos psicóticos e tratamento é o do quanto a possessão vai longe – ou, em termos psiquiátricos, o nível de "insight"[21] de que o indivíduo se mostra capaz. Ter um insight reduzido é não ter consciência da própria condição. Um argumento fundamental em favor do tratamento forçado diz que os indivíduos com determinada condição simplesmente não compreendem que estão doentes, de modo que não têm capacidade de decidir por si mesmos se vão, por exemplo, tomar a medicação indicada. Uma questão que sempre surge nas comunidades pessoalmente afetadas pela doença mental é se a pessoa diagnosticada com uma doença mental grave vai tomar a medicação; os psiquiatras empregam o termo pejorativo "não aderente à medicação" para descrever pacientes que não tomam a medicação recomendada, seja qual for o motivo da decisão do paciente.

Perguntei a Beth o que ela gostaria que as pessoas compreendessem melhor, ou o que atualmente é mal compreendido, a respeito de transtornos psicóticos. "Tem toda essa coisa de 'É só dar informações às pessoas que elas vão procurar ajuda por conta própria'", ela disse. "Alguém que tem uma mente na qual não pode confiar porque ela foi invadida por quaisquer que sejam as substâncias químicas que não permitem que raciocine direito precisa de ajuda para buscar tratamento, e pode ser forçado a isso. É parecido com o Alzheimer. Não significa que pessoas com esquizofrenia paranoide sejam dementes ou estúpidas, mas elas perdem a capacidade de tomar decisões racionais."

A mente *foi invadida*. A mente *perdeu a capacidade de tomar decisões racionais*. Há alguém ali, mas não quem antes

---

21 No contexto da psiquiatria clínica, insight ou crítica da doença é definido como uma subcategoria do autoconhecimento dos pacientes relativo ao reconhecimento das manifestações patológicas que os afetam e também à apreciação das mudanças que tais manifestações causam na sua interação com o mundo. (Referência: Lucas F. B. Mella; Clarissa R. Dantas; Cláudio E. M. Banzato. "Insight na psicose: uma análise conceitual. Relatos de caso". *Jornal Brasileiro de Psiquiatria*, 2011, vol. 60, n. 2. [N.R.T.]

acreditávamos que fosse. A depressão é muitas vezes comparada ao diabetes – em outras palavras, você não tem culpa de ter essa doença e vai ficar bem se fizer o tratamento. A esquizofrenia, por outro lado, é comparada ao Alzheimer – você ainda não tem culpa de ter essa doença, mas não existe uma cura, e, mesmo que você possa não querer ser um fardo, ainda assim vai ser um até morrer.

Tenho experiência com a perda de autonomia que vem com o tratamento involuntário, além da perda de respeito que acompanha a descrição segundo a qual não tenho a dimensão da minha própria doença: fui hospitalizada contra minha vontade em 2002, 2003 e 2011, e os registros da minha primeira hospitalização psiquiátrica involuntária começam com "insight reduzido".

É difícil descrever o horror de estar internada involuntariamente. Em primeiro lugar, há a experiência aterrorizante de ser colocada à força num lugar pequeno do qual não lhe permitem sair. Também não lhe permitem saber quanto tempo ficará ali, porque ninguém sabe quanto tempo você ficará ali. Você está sem as coisas que ama: seu diário, a pulseira que sua avó lhe deu, suas meias favoritas. Seu ursinho de pelúcia. Não há computadores. Nos hospitais em que estive, os únicos telefones permitidos eram os fixos, que podiam ser utilizados em determinados momentos do dia por um determinado período, fazendo com que os pacientes disputassem uma posição ao lado dos telefones e infernizassem os que estavam demorando demais.

Vez ou outra permitem que alguém traga algo importante para você durante as horas de visita, embora isso só ocorra depois de uma enfermeira inspecionar os artigos; na maior parte das vezes suas posses não são admitidas na enfermaria porque incluem uma ponta afiada ou uma espiral de metal ou um pedaço de tecido perigoso. Não lhe permitem escolher o que come e, dentre as escolhas limitadas que existem, você é forçada a escolher apenas entre coisas nojentas. Eles lhe dizem quando dormir e quando acordar. Se passa tempo demais no quarto, isso indica que está sendo antissocial; se fica sentada nas áreas de convívio mas não interage com os outros pacientes, provavelmente é ou está depressiva ou excessivamente introvertida ou quem sabe até mesmo catatônica. As pessoas podem ser um mistério umas para as outras, mas pessoas com uma doença mental são particularmente opacas por causa do cérebro defeituoso. Não se pode confiar em nós para nada, incluindo nossa própria experiência.

Temos um breve vislumbre da vida interior de Reagan antes de ser possuída. Chris passa uma cena andando furiosa pelo saguão à procura de Reagan, que está em primeiro plano em outro cômodo; quando Chris grita "Não, não me diga para ficar calma, cacete!", a câmera se demora em Reagan, que se senta melancólica. Em outra cena, a câmera se demora no rosto assustado de Reagan enquanto Chris investiga uma batida no sótão. Não sabemos o que se passava no interior de Malcoum, só ouvimos falar de uma confusão angustiada sobre seu estado mental, ou mesmo o que relataram que teria dito quando os tiros começaram, que foi "O que você tá fazendo? O que você tá fazendo?". Em vez disso, vemos os pesadelos que precisam ser sanados. Vemos as possessões que subsumiram a garota meiga ou o garoto leitor, que, sabemos, desapareceram há muito tempo. Nas histórias de quem eram antes da doença, ou do mal, ou da possessão – incluindo aquela do membro da família de Beth –, há uma expectativa não só de normalidade, mas de bondade.

Quando tento dizer que Solomon não está correto quando fala da "provável realidade" da esquizofrenia como remoção, reconheço que isso parece uma forma de negação.

Discutindo a teoria com uma amiga, ela sugeriu que eu podia estar simplesmente analisando uma incoerência: "Como é que eles sabem?", ela perguntou. E, mais especificamente: "Todo mundo é idêntico ao que era dez anos atrás?". Claro, o fato de que não ouço mais Yo La Tengo não é o mesmo que acreditar piamente, como acreditei, que há câmeras instaladas no meu chuveiro. Não é o mesmo que ter, à luz do dia, uma alucinação com um cadáver cheio de larvas no carro. E ainda assim reconheço a capacidade de fazer uma escolha: de rejeitar uma imagem ou percepção daquilo que minha esquizofrenia parece ser. Até onde sei, não se parece com a experiência de Malcoum Tate, qualquer que fosse ela de fato. Não vou me permitir a audácia da dedução; particularmente, porém, não posso deduzir a experiência de alguém cuja humanidade complexa só é acessível agora por meio de histórias do "filho problemático", "do pesadelo", da razão pela qual uma irmã atira no irmão enquanto a mãe espera no carro.

O assassinato de Malcoum Tate é um exemplo extremo do que acontece quando uma família que cuida de um parente com esquizofrenia sente que ficou sem opção – que foram esmagados por uma força maior do que eles. O fardo do cuidado se torna o fardo que destrói as pessoas. No depoimento, Lothell Tate descreveu o crime em si como um ato de amor: "Disse para o Malcoum, disse 'Malcoum, eu te amo, e só quero o melhor para você, e sinto muito', e atirei nele [...] E disse mais uma vez para ele: 'Malcoum, eu te amo, e sinto muito', e atirei nele mais uma vez, até ele parar de se mexer".

E ainda assim os jurados passaram apenas uma hora deliberando antes de retornar com o veredicto: Lothell Tate foi sentenciada à prisão perpétua; mais tarde, sua mãe foi sentenciada a dez anos como cúmplice, que foram reduzidos para um ano com cinco de condicional. O juiz Don Rushing disse a Lothell, quando pronunciava a sentença, que a maneira como matou Malcoum "foi verdadeiramente terrível", e que foi "o assassinato mais frio e brutal que já tive a oportunidade de ver como juiz de primeira instância".

Lothell apelou uma vez localmente e então apelou para a Suprema Corte da Carolina do Sul, o que foi negado em 1990; apelou de novo em 1991, e o apelo foi novamente rejeitado; o último apelo foi negado em 1992. Com essa recusa final, Lothell interrompeu o tratamento para diabetes e morreu na prisão estadual da Carolina do Sul em 1994. Não posso falar com ela agora, mas imagino, sim, como foi estar na pele dela na noite em que matou o irmão. Quando penso no assassinato, penso que treze tiros são tiros demais. Também penso em como um homem assomando na sua cama no meio da noite, um homem que afirma ter sido enviado por Deus para matar sua filha, pode parecer um homem possuído pelo mal e, portanto, capaz de qualquer coisa, inclusive de sobreviver a vários ferimentos de bala – mesmo que o tenha amado um dia, ou ainda ame.

Alto funcionamento

Ao meio-dia cruzei a porta vigiada da Clínica de Saúde Mental de Chinatown, ostentando uma expressão cuidadosa enquanto entrava apressada na sala de espera. Sentado em um banco no espaço exíguo estava um casal chinês idoso. A mulher segurava a cabeça, e pensei na quantidade de energia que demandava – uma quantidade enorme de energia – isso de agir como se nossa mente atrapalhada estivesse funcionando bem. Poucas das clínicas psiquiátricas em que fiquei recebem aquelas pessoas que podem se dar ao luxo de tais performances. Relutei em encarar, mas me sentia monstruosa por virar as costas para a dor dela, que foi exatamente o que fiz quando me aproximei da divisória e declarei meu propósito pela janelinha à mulher atrás do vidro: "Sou membra da divisão de palestrantes local e estou aqui para contar minha história".

Para ir à clínica, usava um vestido de seda marrom Marc Jacobs com mangas longas cuidadosamente dobradas até os cotovelos. Botões fechados até o declive entre as clavículas, terminando em um laço. Nenhum acessório além de uma pulseira de prata e da aliança de casamento. Sapatos pretos de salto anabela. Cicatrizes lisas atravessavam meus tornozelos nus feito trilhas de terra. Usava um hidratante facial orgânico que tinha cheiro de banana e amêndoa, base Vitalumière Hydra da Chanel, cor 20 Beige (descontinuada), e um batom Tom Ford espesso cor Narcotic Rouge (também descontinuada, substituída pela inferior Cherry Lush).

Minha rotina de maquiagem é minimalista e constante. Sou capaz de me vestir e empoar quando estou psicótica e quando não estou psicótica. Faço isso com zelo quando maníaca. Se estou deprimida, pulo todas as etapas com exceção do batom. Se pular o batom, isso significa que nem consegui chegar até o espelho do banheiro.

Em 2017, tomo um comprimidinho cor-de-rosa e farinhento toda manhã; toda noite, tomo um e meio desse mesmo comprimido. O haloperidol é, a dra. M argumenta, o que tem me mantido funcionando sem delírios nem alucinações nos últimos quatro anos, ainda que durante a maior parte de 2013 eu tenha lutado contra o que Sylvia Nasar, em *Uma mente brilhante*, chamou de "o deslocamento de toda faculdade, do tempo, do espaço e do corpo" da esquizofrenia.

Durante anos meu diagnóstico oficial não mudou para o transtorno esquizoafetivo. O transtorno era uma suspeita, mas não havia sido registrado, já que o transtorno esquizoafetivo tem um prognóstico mais sombrio e um estigma mais profundo do que o transtorno bipolar, e até mesmo psiquiatras podem ser influenciados pela percepção da gravidade de um código DSM diferente. A psiquiatria também opera tratando sintomas, não uma causa principal, de modo que meu tratamento psicofarmacológico não foi impactado pela mudança dramática na minha ficha. Em *Blue Nights*, Joan Didion observa: "Ainda não vi esse caso em que o 'diagnóstico' leva a uma 'cura', ou no fundo a qualquer desfecho além de uma debilidade comprovada e, portanto, reforçada". Meu novo diagnóstico não tinha função terapêutica, mas implicava que alto funcionamento seria difícil, se não impossível, para mim.

Minha fala na clínica em Chinatown era uma que eu ajustava a uma ampla gama de plateias: estudantes, pacientes, médicos. Começava com esta frase: "Era o inverno do meu segundo ano em uma universidade de prestígio". Esta expressão, "universidade de prestígio", estava ali para enfatizar o cabelo arrumado, o vestido de seda, a maquiagem, os sapatos dignos. Aquilo dizia: *O que estou prestes a revelar a vocês vem com um aviso*. Não queria que minha plateia se esquecesse desse aviso quando eu começasse a falar de acreditar, durante meses a fio, que todos aqueles que amo são robôs. "Universidade de prestígio" atua como um significante de valor.

Outros significantes: minha aliança de casamento, referência ao relacionamento de dezesseis anos que fui capaz de manter; descrições do meu plano de tratamento como se fosse uma Pedra de Roseta infalível e estável, quando na realidade o plano muda frequentemente como resposta à química mutante do meu cérebro; a menção ao pequeno negócio on-line, baseado em produtos digitais e trabalho freelance, que abri no início de 2014. Com esses significantes, estou tentando dizer que sou uma esposa, uma boa paciente, uma empreendedora. Também sou esquizoafetiva, vivendo com transtorno esquizoafetivo, vivendo com uma doença mental, vivendo com desafios de saúde mental, doida, maluca – mas *sou igualzinha a vocês*.

A quem o "vocês" se refere depende de qual palestra estou dando. Um dos líderes do grupo da clínica, Henry, me disse que eu falaria primeiro para uma plateia de "esquizofrênicos altamente funcionais". A maioria deles, ele me disse, vinha se encontrando ali toda semana nos últimos dez anos. Não deu para entender se aquilo foi dito com orgulho enquanto ele me guiava para o interior da pequena sala de reuniões.

Havia menos de dez pessoas ali dentro, sem contar a Patricia, a líder da divisão de palestrantes. Quase todos eram, como eu, chineses, exceto por uma mulher branca e idosa cujos olhos disparavam pela sala como bolas de pingue-pongue hiperativas. Antes de a fala começar, Henry fez circular umas fotografias de uma viagem de campo. Ninguém estendeu as fotos para mim, a forasteira. Sem ver as fotos, só podia supor o destino de uma viagem de campo de "esquizofrênicos de alto funcionamento": talvez a Câmara Municipal, quem sabe uma excursão para Muir Woods. O grupo admirava as fotografias em silêncio. Alguns falavam com a desorganização cadenciada que associo às pessoas que vivem relativamente bem com a esquizofrenia, dado o fato de que estavam na clínica por um período de tempo – mas que seriam imediatamente rotuladas por muitos como malucas de quem se deve ter pena e de quem se deve tomar distância.

Antes de começar a apresentação, Henry trouxe um pacote de Lay's tamanho família. Procurou por guardanapos e pratos de papel nos cantos da sala enquanto um rapaz bonito de vinte e poucos anos rasgava o saco com as duas mãos enormes. Ninguém parecia absurdamente interessado em travar contato comigo, e estava ocupada demais revendo meus papéis para aquilo, a minha primeira palestra em um ambiente clínico, para iniciar a conversa. Patricia apresentou a palestra falando brevemente dos diferentes tipos de estigma. Algumas pessoas a interromperam com comentários tortuosos e precisaram ser redirecionadas com gentileza por Patricia e Henry. Os silenciosos evitavam contato visual e não diziam nada.

Com esse grupo, me desviei do roteiro. Quando contei a história do meu diagnóstico e recuperação, troquei a linguagem complexa por uma terminologia simples. Removi o termo "avolição". Eu me alonguei em descrições de experiências que achava que iam entender – incluindo, em mandarim, a explicação que minha mãe deu para ter mentido para a minha primeira psiquiatra sobre meu histórico de doença mental: "A gente não fala dessas coisas". Nos momentos finais, citei um e-mail que ela me enviou depois de eu ter me demitido do cargo de editora em tempo integral, tendo me dado conta de que aquele emprego era um gatilho para episódios psicóticos: "Liberte-se. Amo você". A palestra havia sido concebida para ser inspiradora. Eu estava tentando *iluminar* a sala com esperança.

Quando terminei, duas pessoas estavam chorando. Patricia, o rosto raiado pelas lágrimas, me mostrou o braço: arrepiado. "E eu que achei que estava mal", disse a outra mulher que chorava, e meu coração vacilou no peito. Eu *era* ela, mas não queria *ser* ela. Eu era aquela que estava na cabeceira da mesa, a visitante. Ela era aquela que tinha vindo à clínica toda semana na última década. Pouca coisa estava mudando para ela – mas tudo, eu precisava acreditar, era possível para mim.

Durante a minha primeira experiência de internação em um hospital psiquiátrico, conheci duas pacientes que recebiam um tratamento nitidamente diferente do que o restante de nós: Jane e Laura. Jane era falante e estava na meia-idade; Laura era a única outra pessoa asiática na enfermaria e não falava com ninguém. Nós, pacientes, raramente falávamos de nosso diagnóstico – naquela época eu era diagnosticada com transtorno bipolar, com traços de transtorno de personalidade borderline –, mas todo mundo sabia que Jane e Laura eram as duas com esquizofrenia.

Jane era simpática e surgia com frequência em sua cadeira de rodas para partilhar monólogos desconexos sobre "experimentos de controle mental" de psiquiatras, devaneios paranoicos o suficiente para serem considerados psicóticos, e ainda assim realistas o suficiente para que fossem inquietantes para minha mente vulnerável. Em períodos menos coerentes, as histórias dela se dissolviam num despropósito verbal conhecido como "salada de palavras", no qual uma palavra só se relaciona com a seguinte de forma tênue, e o conjunto delas não significa absolutamente nada. Esses problemas de comunicação faziam com que fosse excluída, por determinação dos médicos, das sessões de terapia em grupo que, de outra forma, eram obrigatórias.

Nunca interagi com Laura, mas me lembro dela gritando enquanto era retirada do banheiro do saguão, interrompida durante uma tentativa de vomitar a medicação. "Estão envenenados!", ela gritava enquanto duas enfermeiras puxavam seus braços compridos e magros. "Estão tentando me envenenar! Estão tentando me matar!"

Uma hierarquia natural emergia no hospital, guiada tanto pelo nosso próprio senso de funcionamento quanto pelo nível de funcionamento percebido pelos médicos, enfermeiros e assistentes sociais que nos tratavam. Os depressivos, que constituíam a maior parte da população da enfermaria, ficavam no topo da cadeia, ainda que estivessem sendo submetidos à terapia eletroconvulsiva. Como estávamos no Instituto de Psiquiatria de Yale (agora Hospital Psiquiátrico Yale New Haven), vários dos que estavam hospitalizados estudavam em Yale e, portanto, eram considerados indivíduos brilhantes que simplesmente se viram em maus lençóis. Já havíamos provado que éramos capazes de alto funcionamento e, portanto, tínhamos potencial se simplesmente pudéssemos ser direcionados ao caminho certo. No ponto médio da hierarquia estavam os com anorexia e transtorno bipolar. Eu estava nesse grupo, e talvez fosse até mesmo considerada tão superior quanto os depressivos, porque vinha de Yale. Os pacientes com esquizofrenia se situavam no ponto mais baixo – excluídos da terapia em grupo, vistos como lunáticos e delirantes e incapazes de se encaixar nos requisitos da normalidade.

Os pacientes de alto funcionamento tinham o respeito dos enfermeiros e às vezes até mesmo dos médicos. Uma enfermeira que me respeitasse ia usar uma cadência diferente; ia falar comigo com proximidade humana. Uma me aconselhou, dizendo que precisava "voltar a tingir meu cabelo" – estava comicamente avermelhado na época – e "voltar à vida normal". Por mais que essas palavras me pareçam condescendentes agora, eram mais do que era oferecido às pessoas como Jane e Laura, que só recebiam cuidados básicos. Esqueçam conselhos de vida – não havia esperança para elas para além de uma ligeira estabilidade. As expectativas costumam ser baixas no início; em *Uma mente brilhante*, Nasar observa que, "ao contrário da depressão maníaca, a esquizofrenia paranoide raramente permite que os doentes regressem, mesmo que por um breve período, ao nível de desempenho pré-mórbido, é o que se acredita".

A hierarquia psiquiátrica decreta quem pode e quem não pode ser de alto funcionamento e "dotado". Um meme que recebeu várias curtidas no Facebook circulou certa vez no meu feed, no qual uma tabela listava as assim chamadas vantagens de diversas doenças mentais. A depressão confere sensibilidade e empatia; o transtorno do déficit de atenção com hiperatividade permite que as pessoas retenham um grande volume de informação de uma vez só; a ansiedade cria uma prudência útil. Soube de imediato que a esquizofrenia não ia aparecer. O gênio criativo está associado à loucura, mas esse gênio, como analisado em *Touched with Fire*, de Kay Redfield Jamison, está ligado sobretudo à depressão e ao transtorno bipolar. Uma exceção é o artista marginal Henry Darger, cuja obra influente de 15.145 páginas *In the Realms of the Unreal* [Nos reinos do irreal] é ao mesmo tempo brilhante e o trabalho de uma mente obsessiva e perturbada que pode ou não ter sido afetada pela esquizofrenia – de qualquer forma, a inabilidade de Darger de "funcionar" na vida normal é indissociável de sua arte.

Com essas associações desagradáveis vinculadas à esquizofrenia, não surpreende que me apegue ao conceito de alto funcionamento. Como na maioria dos grupos marginalizados, há os que são considerados mais socialmente adequados do que outros e que, portanto, se distanciam daquela assim chamada gente inadequada, em parte porque ser percebido como alguém incapaz de ser bem-sucedido provoca um desejo de se distanciar do outro, de gente igualmente marginalizada, considerada ainda menos capaz de ser bem-sucedida.

Um exemplo desse distanciamento pode ser visto no livro *Alucinadamente feliz: um livro engraçado sobre coisas horríveis*, de Jenny Lawson, que me é frequentemente recomendado como uma autobiografia que acolhe aqueles com doenças mentais. Lawson, a amada blogueira por trás de *The Bloggess*, foi diagnosticada com uma variedade de transtornos, incluindo depressão e transtorno de personalidade esquiva. Ainda assim, ela explica no início de *Alucinadamente feliz* que está tomando antipsicóticos – não porque seja psicótica, nos garante, mas porque eles diminuem a duração dos episódios depressivos. "Não há nada melhor do que ser informada de que existe um medicamento que vai dar um jeito num problema terrível", ela escreve, "a menos que você também seja informada de que o medicamento é para tratar a esquizofrenia (ou talvez que mata fadinhas sempre que o toma)". Mas essa frase me perturbou: para Lawson, minha condição psiquiátrica, e a medicação que tomo por causa dela, me iguala a uma assassina de fadinhas; mas, se estivesse tomando Haldol como um "acompanhamento" para a depressão, ia permanecer do lado certo dos mentalmente doentes.

Lawson, quero acreditar, está tentando ser honesta em vez de um espírito de porco. A esquizofrenia e seu séquito não são vistos pela sociedade como condições que coexistem com o potencial de se ser alto funcionamento e, portanto, são aterrorizantes. Ninguém quer ser maluco, muito menos genuinamente maluco – tipo psicótico. Os esquizofrênicos são vistos como alguns dos membros mais disfuncionais da sociedade: somos sem-teto, somos inescrutáveis e somos assassinos. Só vejo a esquizofrenia ser mencionada nos jornais no contexto da violência, como no artigo de opinião na *Newsweek* de junho de 2015 intitulado "O massacre de Charleston: a doença mental é o denominador comum de ataques a tiros". Nesse texto de Matthew Lysiak, a psicose é associada a autores de massacres como Jiverly Wong, Nidal Hasan, Jared Loughner e James Holmes. No parágrafo sobre Holmes, Lysiak descreve que o psiquiatra que o tratava teria escrito – e aqui imagino uma voz cheia de julgamento – que Holmes "pode estar passando insidiosamente para um transtorno psicótico escancarado, como a esquizofrenia". Logo depois dessa frase, o texto diz: "Em 20 de julho de 2012, Holmes entrou em um cinema em Aurora, Colorado, e matou doze pessoas, ferindo outras setenta".

Em um artigo de 2008, Elyn R. Saks relembra: "Quando fui examinada para a readmissão na Faculdade de Direito de Yale, o psiquiatra sugeriu que eu passasse um ano trabalhando em um subemprego, talvez num fast-food, que me permitiria consolidar meus avanços para que pudesse me sair melhor quando fosse readmitida". Enquanto lutava com minha companhia de seguros para receber um benefício por invalidez, tentei explicar que não consigo trabalhar no McDonald's, mas consigo trabalhar como freelancer. Se me colocarem em um ambiente altamente estressante em que não consigo controlar meu entorno e minha agenda, vou começar logo a descompensar. A capacidade de trabalhar para mim mesma, algo que ainda é desafiador, permite uma grande flexibilidade de agenda e exerce menos pressão mental. Como Saks, sou de alto funcionamento, mas sou uma pessoa alto funcionamento com uma doença imprevisível e de baixo funcionamento. Posso não ser o tipo "adequado" de maluca. Às vezes minha mente se fragmenta, me deixando aterrorizada com a possibilidade de haver veneno no meu chá ou cadáveres no estacionamento. Mas ela então se recompõe, e volto a ser um eu reconhecível.

Uma terapeuta me disse, quando eu tinha uns vinte e poucos anos e meu diagnóstico ainda era o de transtorno bipolar, que eu era a única paciente dela que conseguia manter um emprego de tempo integral. Entre pesquisadores da área de psiquiatria, ter um emprego é considerado uma das maiores características de uma pessoa de alto funcionamento. Mais recentemente, Saks encabeçou um dos estudos mais abrangentes que existem sobre a natureza da esquizofrenia de alto funcionamento. Nele, o trabalho continua a ser o principal indicador de alto funcionamento, como se ter um emprego fosse o sinal mais confiável de que você consegue fingir que é normal no mundo. O mais grave de tudo é que a sociedade capitalista valoriza a produtividade dos cidadãos acima de todo o resto, e aqueles com doenças mentais graves são bem menos propensos a ser produtivos de jeitos considerados valiosos: somando ao ciclo de produção e lucro. Nossa sociedade exige o que o poeta chinês Chuang Tzu (370-287 a.C.) descreve no poema "Vida ativa":

> Produza! Gere resultados! Faça dinheiro! Faça amigos! Faça
> mudanças!
> Ou vai morrer em desespero.

Como sou capaz de realizar coisas, sinto um desconforto perto daqueles que estão visivelmente psicóticos e audivelmente desorganizados. Sinto um desconforto porque não quero ser colocada no mesmo saco que o homem berrando no ônibus, ou que a mulher que alega que é a reencarnação de Deus. Sinto um desconforto desconfortável porque sei que essa é a minha gente de um jeito que aqueles que nunca vivenciaram a psicose não conseguem entender, e que evitá-los é evitar uma boa parcela de mim mesma. Na minha cabeça, existe uma linha entre mim e aquelas pessoas como Jane e Laura; para os outros, essa linha é tênue, ou tão insignificante a ponto de não ser em absoluto uma linha.

Quando lhe perguntaram "O que as pessoas que vivem bem com a esquizofrenia têm em comum?", para uma campanha de conscientização nas redes sociais, o dr. Ashish Bhatt respondeu: "Quase sempre aquelas pessoas que vivem bem com a esquizofrenia são as com fatores prognósticos positivos, o que inclui bom funcionamento pré-mórbido, início tardio dos sintomas, início súbito dos sintomas, alta escolaridade, uma boa rede de apoio, diagnóstico e tratamento precoces, aderência à medicação e períodos mais longos sem sintomas ou com sintomas mínimos entre os episódios".

Alguns desses fatores e características são determinados pela sorte; outros, no entanto, se mostraram suscetíveis à intervenção humana, dando a várias pessoas com esquizofrenia – sobretudo às mais jovens – uma oportunidade maior de viver vidas altamente funcionais. Em 2008, o Instituto Nacional de Saúde Mental lançou uma iniciativa de pesquisa chamada Recuperação Depois de um Episódio Inicial de Esquizofrenia (RAISE, na sigla em inglês), pensada para explorar a eficácia de certos tipos de tratamento de intervenção. Esses tipos de tratamento, conhecidos como tratamentos e assistências de Cuidado Especializado Coordenado (CSC, na sigla em inglês), compreendem uma combinação de ferramentas, incluindo gestão de caso, medicação e atenção básica, terapia cognitivo-comportamental, educação e assistência familiar e apoio ao trabalho e educação. A introdução dessa abordagem holística ao tratamento leva em conta uma gama mais ampla de fatores, o que eleva as possibilidades de recuperação. E, ao contrário de vários outros tipos de intervenção no episódio inicial de psicose, os pacientes são encorajados a ajudar a conduzir o próprio tratamento – contribuindo, assim, para taxas mais altas de adesão e para um maior senso de autonomia. Sentir algum grau de controle sobre a vida é particularmente importante para uma população de pessoas vulnerável a não ter nenhum. Como a dra. Lisa Dixon, diretora do OnTrackNY, disse ao *New York Times*: "Queríamos reinventar o tratamento para que fosse algo que as pessoas de fato desejem".

Depois de a iniciativa RAISE ter determinado que o tratamento CSC melhora a evolução de pessoas em estágios iniciais da esquizofrenia, programas de intervenção precoce em casos de psicose começaram a surgir pelo país. Desde 2016, esses programas existem em 37 estados.[22] Em Stanford, a Rede de Programas de Pródromo e de Psicose Inicial começou em 2014; em São Francisco, onde moro, a Rede de Prevenção e Recuperação da Psicose Inicial também trata do primeiro episódio de psicose. Vários oferecem serviços gratuitos.

"Mas você tem uma aparência bem elegante", a dra. M me disse. Havia lhe dito que, como parte da terapia, estava me empenhando em melhorar a higiene. Tomar banho se tornou um desafio logo depois de eu ter começado a alucinar na faculdade; minha primeira experiência ouvindo vozes ocorreu quando um fantasma nos chuveiros do dormitório entoou "Odeio você". Isso podia ter me afligido a ponto de me deixar eternamente ansiosa para tomar banho depois. Mas, como me preocupo com a aparência, como já fui redatora e blogueira de moda, como trabalhei durante um tempo em uma revista de moda e depois como editora de moda em uma startup, passo por normal mais facilmente do que meus companheiros das esquizofrenias.

---

22   Desde 2020, segundo o Instituto Nacional de Saúde Mental dos Estados Unidos, os CSC já estavam presentes nos 50 estados do país. [N.R.T.]

Quando navego pelos corredores virtuais da La Garçonne, tenho em mente um uniforme para uma batalha em múltiplas frentes. Se a esquizofrenia é o domínio do desleixado, me situo fora dos seus limites como uma garotinha aprumada, e não existe nenhuma mácula reveladora que ultrapasse os cantos da minha boca.

Até certo ponto, a fachada brilhante de um bom rosto e uma boa roupa me protege. Minha doença raramente é evidente. Não preciso falar dela para novas pessoas na minha vida a menos que deseje. Embora o momento de revelar minha condição psiquiátrica já não me atormente, ainda estou ciente da mudança que ocorre quando isso acontece. Em uma residência literária, uma mulher reagiu à revelação com: "Fico surpresa em ouvir isso. Você não parece ter aqueles [...] tiques e coisas assim". Sorri por reflexo diante desse elogio enviesado. Creio que ela tenha encontrado consolo em ser capaz de me colocar em uma categoria diferente da dos meus irmãos cujo rosto e membros se contorcem por causa da discinesia tardia, um efeito colateral terrível do uso de antipsicóticos que não desaparece mesmo que a medicação seja interrompida. Em uma festa literária, uma patronesse rica que sabia do meu diagnóstico me disse que devia me orgulhar do quanto sou coerente. Nas duas histórias, agradeci às mulheres bem-intencionadas envolvidas.

Há mudanças que se seguem a qualquer porção de informação que distribuo. Algumas são mínimas. Algumas desnivelam o chão em que estamos pisando. Posso falar do fato de ter ido para Yale e Stanford; que meus pais são imigrantes taiwaneses; que nasci no Meio-Oeste e fui criada na Califórnia; que sou escritora. Se a conversa deságua no diagnóstico, enfatizo minha normalidade. Veja meu visual comum, até mesmo excepcional! Observe o fato de que sou articulada. Repasse sua interação e veja se consegue detectar rachaduras na fachada. Veja se consegue, ao vasculhar a memória, encontrar indícios de insanidade a fim de compreender o que eu disse a respeito de quem sou. No fim das contas, que espécie de lunática tem um corte de cabelo curtinho e moderno, usa batom vermelho e veste blusas de seda por dentro de saias-lápis? Que tipo de psicótica usa sapatos de salto alto da Loeffler Randall sem cambalear?

Minha trajetória como redatora de moda começou em 2007 com um blog chamado *Fashion for Writers* (FFW). Na época, blogueiras de sucesso como Susie Bubble, também conhecida como Susanna Lau, estavam ganhando prestígio com a velha guarda de *O diabo veste Prada* – Susie até chegou a incluir o FFW no "blog roll" de links dela certa vez –, o que parecia prenunciar a democratização de uma indústria historicamente elitista. Eu não conseguia bancar as produções de luxo de Jane Aldridge, a texana rica por trás do *Sea of Shoes*, mas tinha um dinheirinho que dava para vestidos da década de 1930 do Etsy e um casaco de pele falsa branco e enorme que me rendeu o apelido de "abominável mulher das neves" na pós-graduação. Os posts mais antigos do FFW, criados quando eu ainda era gerente de laboratório, misturavam comentários de estilo fúteis (p. ex., preleções a respeito do retorno das blusas de secretária com gola laço) e fotos desajeitadas de "*outfit* do dia" tiradas com minha câmera digital apoiada em livros e eventualmente fixa em um tripé barato.

Na pós-graduação, convidei uma amiga da faculdade e colega de escrita e também aficionada por moda, Jenny Zhang, para se juntar ao FFW. Ambas éramos mulheres sino-americanas de vinte e tantos anos trabalhando para concluir o mestrado em cidades ofuscantes de tão brancas do Meio-Oeste, e Jenny, que tinha se graduado em estudos étnicos, conduziu o blog em uma direção mais política e mais interessante. No fim, Jenny assumiu por completo o controle do FFW antes de encerrá-lo e trocá-lo por pastagens mais verdes. Nesse meio-tempo, segui em frente para trabalhar em uma revista duvidosa de moda e *lifestyle* antes de me estabelecer em uma startup que vendia e produzia peças de inspiração vintage, onde aperfeiçoei minhas competências de preparação e habilidades de edição de texto enquanto terminava meu romance de estreia. Enterrei o salário discricionário do emprego na startup em vestidos vintage e ultrafemininos de chiffon de seda, georgette e organdi em tons de algodão-doce, adornados com laços e atados com fitas de cetim; por algum tempo, meu perfil no Twitter dizia "Taiwanesa americana. Glamour como arma", sendo a última frase uma referência ao trabalho de Chaédria LaBouvier sobre o conceito de "usar a beleza e o estilo de maneiras francas e políticas que subvertem expectativas desumanizadoras". Suas ideias sobre o glamour como arma talvez sejam mais conhecidas em seus escritos sobre Chimamanda Ngozi Adichie; Adichie, como autora negra que escreve sobre política, de pele escura e feminista, não é, para alguns, um modelo de beleza óbvio, mas ainda assim é desafiadoramente glamorosa.

Fui à mostra *Savage Beauty*, de Alexander McQueen, no Met em 2011 porque foi uma ocasião significativa para as pessoas da indústria da moda, por mais periféricas que fossem. *Savage Beauty* refletia a arte como loucura, escuridão, beleza, morte. O suicídio de McQueen em 2010 pairava sobre tudo, lançando sombras alongadas nas paredes e nos vestidos. Ele pôs um fim à própria vida não muito tempo depois da morte da mãe, e em seguida da morte da amiga Isabella Blow.

A peça que mais me enfeitiçou e amedrontou foi um manequim sem rosto e de um branco imaculado com um traje de penas tingidas. Nessa produção, a plumagem dá forma a ombros gigantescos que podiam ser asas; o corpo exibe uma cintura estreitada, acentuada. Não há nada de charmoso nesse figurino aviário. Encontre essa criatura nas sombras, e a morte certamente veio no seu encalço. McQueen disse, a respeito das suas roupas, "Quero empoderar as mulheres. Quero que as pessoas tenham medo das mulheres que visto", o que é outra verdade sobre envergar normalidade: o modo como me visto não é mera camuflagem. É uma tática de intimidação, como o porco-espinho que mostra seus espinhos, ou a coruja que estufa o corpo em uma ofensiva defensiva: *vista-se como se todos devessem morrer de medo de você.*

E ainda assim há coisas que um bom figurino não consegue esconder. Durante um período, vi demônios indistintos se lançando na minha direção vindos de todos os ângulos, e não conseguia controlar minha reação, que era saltar para o lado ou me abaixar ou me sobressaltar diante de coisas que ninguém mais podia ver. Se estivesse com alguém, ia fingir em seguida que nada tinha acontecido, e no geral o amigo ou amigos que sabiam do meu diagnóstico iam fingir, generosos, que eu não tinha acabado de me abaixar, de forma meio dramática, sem motivo. Mas ficava mortificada. Não importava o quanto estava bem-vestida quando me esquivava de espectros que ninguém mais podia ver. Sabia que parecia maluca e que nenhum visual fulminante podia eliminar o fato de eu ter me esquivado. Como esses movimentos eram uma concessão necessária à minha loucura, reagia tentando com ainda mais afinco parecer normal quando não era assaltada por alucinações. Saía para dançar. Bebia Jameson com gelo e comia batatas recheadas em bares irlandeses e pizzarias baratas. Fiz todas as coisas normais em que conseguia pensar.

Na clínica de Chinatown, fui conduzida escada abaixo até uma sala diferente para dar uma segunda palestra. Essa era mais clara e mais limpa, e evidentemente era o domínio dos médicos. Um bebedouro borbulhava num canto. As mesas tinham sido deslocadas para flanquear as paredes, abrindo espaço no centro para uma variedade de cadeiras de armar. Os médicos começaram a entrar devagar – homens e mulheres em roupas casuais de trabalho que encontravam um lugar e ficavam olhando a meia distância. Havia um homem que se sentou lá atrás e que franzia o cenho abertamente; o rosto dele dizia *Não acredito que tive que vir nesta droga*. Ele me deixava nervosa, mas também era verdade que todos, mesmo os que pareciam simpáticos, me deixavam nervosa.

Estar diante de todos aqueles médicos me levou de volta à minha primeira internação psiquiátrica, quando um batalhão de psiquiatras, assistentes sociais e psicólogos fazia a ronda diária pela unidade para nos interrogar a respeito do que estávamos fazendo. O fluxo de inquiridores intrometidos era interrompido quando eu estava sentada no sofá puído próximo à televisão, ou empurrando, apática, peças de quebra-cabeça para lá e para cá em uma mesa. Raras vezes vivenciei um desequilíbrio de poder tão radical e visceral como quando fui internada em um hospital psiquiátrico, entre médicos que me conheciam apenas como doença em forma humana. Durante essa primeira hospitalização, aprendi que os médicos controlam quando os internos recebem privilégios, como ter autorização para descer para as refeições ou para fumar lá fora por dez minutos duas vezes por dia. Mais importante: era minha equipe de médicos que decidia quando eu podia ir para casa. Eu me acostumei a atuar tendo os médicos em mente: *Veja! Estou feliz! Estou bem!*. Diante da pergunta "Você tem pensado em machucar a si mesma ou aos outros?", só havia uma resposta adequada, que, não importava o que dissesse, sempre era seguida por um interrogatório desconfiado e insistente. Saber que era hora de discursar a respeito de ser maluca diante de um grupo daquelas pessoas, mesmo como uma mulher livre, acelerava o ritmo do meu coração já frenético.

Quando chegou minha vez de falar, tentei soar eloquente. Reintroduzi "avolição" no discurso. Mais uma vez enfatizei minha educação. Banquei a empreendedora, mencionando os produtos digitais que criara e os clientes com quem trabalhara. Acrescentei outro punhado de informação sobre o período em que trabalhei como gerente de laboratório, quando encabecei um estudo que abrangia várias localidades sobre o transtorno bipolar e fazia visitas semanais à renomada Clínica de Transtornos Bipolares no Departamento de Psicologia de Stanford como pesquisadora, e não como paciente. A Clínica de Transtornos Bipolares é uma das melhores do tipo no país, e me perguntei brevemente se aqueles médicos algum dia seriam capazes de arranjar um emprego lá, o que era um pensamento defensivo e amargo. Toda essa postura cheira a paranoia, e até mesmo a grosseria, direcionada aos profissionais que tinham ido à clínica, que não ganhavam tanto dinheiro quanto, digamos, um psiquiatra da Clínica de Transtornos Bipolares e que faziam esse bom trabalho porque tinham vocação para tanto.

Concluí minha fala. Ninguém estava chorando. O homem do cenho franzido ainda franzia o cenho, mas de forma menos agressiva.

Voltei a afundar na cadeira de armar, Patricia perguntou se havia algum comentário ou sugestão. Uma mulher de óculos ergueu a mão. Disse que estava agradecida por esse lembrete de que seus pacientes também são humanos. Ela inicia com bastante esperança, disse, toda vez que chega um novo paciente – e depois eles têm uma recaída e regridem, têm uma recaída e regridem. Os clientes, ou pacientes, exibem a doença de formas que os impedem de se assemelhar a pessoas capazes de sonhar ou que têm alguém sonhando por elas. Quando ela disse isso, eu estava passando os dedos na saia do meu vestido elegante. Eu a tinha enganado, ou convencido. As duas coisas, eu sabia, eram uma vitória.

Yale não vai te salvar

O momento em que recebi a carta de admissão da Universidade Yale foi um dos mais felizes da minha vida. Parei na entrada da garagem, onde havia duas caixas de correio fininhas instaladas uma contra a outra, e encontrei um envelope enorme esperando ali dentro. Envelopes enormes de publicações eram um mau sinal; quase sempre traziam minha própria caligrafia, e no geral continham um manuscrito rejeitado e um bilhete que era mera formalidade. Mas um grande envelope de uma universidade – um envelope com instruções, boas-vindas, um livreto todo colorido –, aqui tem *novidades*. Parei diante das caixas de correio dando gritinhos. Não era o tipo de garota que dava gritinhos, mas tinha 17 anos e havia entrado em Yale. Estaria no Jonathan Edwards College, turma de 2005.

Fui uma criança-prodígio, a filha nascida em Michigan de pais imigrantes taiwaneses de vinte e tantos anos que foram para a Califórnia com a menininha deles. Meus pais não tinham dinheiro. Eles solicitavam vale-refeição; prometeram um ao outro que um dia seriam ricos o bastante para comer Pizza Hut toda vez que quisessem. Em dado momento nos mudamos para morar em um distrito escolar diferente, e, enquanto criavam a mim e meu irmãozinho em uma cidadezinha majoritariamente branca, meus pais me disseram que a escola era importantíssima e que sempre devia me esforçar o máximo possível. No ensino fundamental, eu me atribuía ensaios para escrever nas férias. Na quinta série, escrevi um romance de duzentas páginas sobre uma garota sequestrada que se transforma em um gato. Logo meus pais começaram a trabalhar em empregos na área de tecnologia no auge da expansão do Vale do Silício, e deixamos de ser pobres. Eles nunca pronunciaram as palavras "sonho americano", mas era isso que a vida deles significava, de modo que no sexto ano decidi me matricular em uma aula de programação em c++ às sete e meia da manhã, e escrevi um conto que minha professora de inglês continuava a utilizar nas aulas mesmo quatro anos depois. No ensino médio, quando disse à minha mãe que pensava em suicídio, ela sugeriu que nos matássemos juntas, o que não reconheci plenamente como a resposta bizarra que era até contar a história repetidas vezes nas décadas seguintes da minha vida. Ganhei uma medalha de ouro na Olimpíada de Física, fui admitida na Summer School of the Arts do estado da Califórnia e cruzei o palco na formatura com um histórico escolar que desmentia as centenas de cicatrizes escondidas debaixo da minha beca de náilon. Escolhi ir para o Leste na faculdade porque queria fugir do caos – as brigas com acusações, os choros – que se instalava com tanta frequência em nossa casa que eu já não o registrava.

Por um breve período no final do último ano do ensino médio, saí com uma pessoa que terminou comigo porque eu não tinha um diagnóstico e era assustadora, mas antes de romper nosso relacionamento ele me convidou para um churrasco à beira da piscina. Ele estava usando jeans femininos. Ficamos em volta da piscina vítrea do condomínio e a mãe dele me perguntou o que eu faria depois da formatura.

"Vou para Yale", eu disse.

Ela me olhou, desviou os olhos e voltou a olhar. "Que coisa boa", ela disse. Mesmo naquela época minha instabilidade era evidente para a maioria das pessoas.

"Fui para Yale" é uma abreviatura de *Tenho transtorno esquizoafetivo, mas não sou inútil*.

Yale é a terceira universidade mais antiga do país, depois de Harvard, que é a mais antiga, e depois da William and Mary, que foi fundada em 1693. Yale era conhecida como Collegiate School, mas foi rebatizada como Elihu Yale depois de uma série de presentes do mercador e filantropo inglês, incluindo livros, tecidos exóticos e um retrato de George I. Essas doações generosas, cuja venda ajudou a financiar a construção do Yale College em New Haven, foram energicamente incentivadas pelo pastor puritano Cotton Mather, que também incentivou energicamente os julgamentos das bruxas de Salem. Na conturbada Salem, balbucios e movimentos esquisitos podiam significar bruxaria. As crianças amaldiçoadas da família Goodwin, ele disse, "latiam umas para as outras feito cachorros, e então ronronavam feito tantos gatos". Todos sabemos o que acontecia com as bruxas.

Fui diagnosticada com transtorno bipolar no verão anterior à minha partida para New Haven, no verão anterior à primavera em que ocorreu minha primeira hospitalização na Instituição Psiquiátrica de Yale. Minha então psiquiatra informou a mim e à minha mãe que eu tinha transtorno bipolar. Esse diagnóstico foi o ponto culminante de um mês no qual exibi a maioria dos sinais clássicos de mania, incluindo uma maneira agitada de falar e um caso amoroso pouco característico com um homem onze anos mais velho que eu. Embora o novo diagnóstico significasse que eu precisava de medicamentos diferentes dos que vinha tomando para depressão e ansiedade, ela disse, ela não ia prescrever esses novos medicamentos enquanto eu estivesse sob seus cuidados. Seria melhor esperar até chegar à faculdade, onde um médico poderia prescrever as pílulas adequadas; supunha-se que meu futuro psiquiatra seria capaz de me monitorar adequadamente. (Mais tarde minha mãe me diria que, se tivesse entendido de verdade o que a médica estava dizendo, nunca teria deixado eu me mudar para o outro lado do país para cursar Yale.)

Quando a faculdade começou, passei a ir a uma médica no que era então conhecido como Departamento de Higiene Mental nos Serviços de Saúde da Universidade Yale. O estigma toldava aquelas idas, mas logo aprendi que podia fingir que estava indo ao Departamento de Ginecologia, que era no mesmo andar. Saía do elevador e esperava alguns instantes para as portas se fecharem atrás de mim antes de enfim virar à direita, onde os estudantes mantinham os olhos nos livros, nos cadernos ou nas mãos – em qualquer coisa exceto uns nos outros; se olhássemos por tempo suficiente, era possível reconhecer as instabilidades à espreita.

O Departamento de Higiene Mental não acreditava em designar aos estudantes um terapeuta e um psiquiatra, o que criaria a necessidade inconveniente de uma comunicação entre um e outro, então naquele ano consultei uma mulher que servia como ambos. Ela me prescreveu Depakote, também conhecido como valproato ou ácido valproico, um anticonvulsivo utilizado como estabilizador de humor. Ela voltava repetidas vezes ao assunto da minha mãe, a quem culpava pela maior parte das minhas dificuldades emocionais. Durante meu primeiro semestre em Yale, minha mãe inchou e cresceu monstruosamente na minha cabeça; ela pairava como alguém cuja labilidade emocional havia imprimido em mim o que eu chamava abertamente de incapacidade de lidar com a vida diária.

Na maior parte do tempo, eu disse à médica, me sentia sensível demais para enfrentar tudo. Sentia uma agonia constante. Gostava bastante da minha médica, mas não parecia estar melhorando, e a sensação irrequieta sob a pele me alertava para problemas. Por fim, pararia de dormir durante dias de cada vez; ia eu então desaparecer.

Yale me mostrou a empolgação com as descrições das disciplinas no Guia de Cursos; o "período de compras"; que sou abertamente queer; a vida sem meus familiares, para quem evitei ligar durante meses; os WASPs[23]; as atitudes e posturas das famílias tradicionais e ricas; o queijo de cabra; as pessoas que compravam botas de 600 dólares; a compreensão de que botas de 600 dólares existem; os filhos de ex-alunos que sabiam os gritos de guerra desde que nasceram; a arquitetura gótica; a Beinecke Plaza; o Audiogalaxy; a teoria; a análise estatística; um jovem tímido usando jeans com caimento ruim que conheci em uma festa, e que no fim ia se tornar meu marido; o 11/9 e a Guerra ao Terror; a islamofobia; Wong Kar-Wai e *Amor à flor da pele*; as sociedades secretas; o falafel e a limonada; as bebedeiras com vodca e suco de laranja; os Modelos Animais de Transtornos Clínicos; a oferta, nunca aceita, de cocaína; os sinos de carrilhão badalando Handel e *Hit Me Baby (One More Time)* enquanto ia para a aula, ou ficava olhando da janela do dormitório;

23 Acrônimo para branco, anglo-saxão e protestante (*White, Anglo-Saxon and Protestant*). [N.T.]

como me vestir para a neve; como dizer "eu te amo" e realmente sentir isso; o *eggnog*, ou gemada alcoólica, em dezembro; como me sentir tão mas tão especial, como se fosse virtuosa, simplesmente por causa da universidade em que estudava.

Yale é ridicularizada pela sua determinação de ser, desde o princípio, de elite – por se moldar à imagem e semelhança de Oxford e Cambridge, e então receber um banho de ácido para simular antiguidade. Yale é, no mundo das universidades de elite, uma menininha pré-púbere passando rímel antes do primeiro dia de aula do sexto ano. O campus de Yale ainda é o campus mais lindo que conheço.

Muitas das minhas aulas, incluindo Introdução ao Cérebro Humano, eram no edifício Linsly-Chittenden, 102. Maior do que uma sala de aula, mas menor do que um auditório, a LC 102 é famosa por um vitral de Louis Comfort Tiffany em uma das paredes, cujo título é *Educação*. Arte, Ciência, Religião e Música estão representadas como anjos ao longo dos painéis. A parte central representa a Ciência cercada pelas personificações da Devoção, do Trabalho, da Verdade, da Pesquisa e da Intuição.

(Por que a Intuição está na província da Ciência? Por que a Inspiração é governada pelo anjo da Religião, que se encontra à direita, e não pelo anjo da Arte?)

Durante um episódio de mania, rabisquei coisas sem sentido no centro e nas margens do caderno, onde supostamente tomava notas. As palavras rastejavam feito aranhas. *Veja. A borda por que não posicionar debaixo de onde? Faça a luz feito a noite*. A figura central de *Educação* era uma tríade de coisas que eu queria que minha educação na Ivy League me desse: Luz – Amor – Vida.

No elevador com um grupo de conhecidos – outros membros de ascendência asiática do clube de arte performática ao qual havia me juntado –, surgiu o assunto do Departamento de Higiene Mental.

Os olhos de uma pessoa se arregalaram. "Cuidado com aquele lugar", ela disse.

"Tenho um amigo que ia lá", outra pessoa disse. "Ele parou porque sabia que iam enfiar ele [na Instituição Psiquiátrica de Yale] se continuasse falando."

"Enfiam você na YPI por *qualquer coisa*", a primeira disse.

"Nunca diga a eles que você pensou em se matar", eles me aconselharam. Eu era caloura. Estavam me pondo sob suas asas, me oferecendo sabedoria. "Nunca diga a eles que você está pensando em se matar, tá bom?"

Hoje penso neste conselho: nunca diga ao seu médico que você está analisando a possibilidade de se matar. E no entanto esse era, no fim das contas, um bom conselho, se eu quisesse permanecer lá.

Margaret Holloway, conhecida como "Madame Shakespeare", corria pelo campus recitando Shakespeare por alguns trocados. Segundo rumores, ela fora aluna da renomada Faculdade de Artes Cênicas de Yale, mas a abandonara depois de um surto psicótico. (Na verdade, se graduou na Faculdade de Artes Cênicas em 1980, e vivenciou os primeiros sintomas da esquizofrenia em 1983.) Como a maioria dos estudantes, eu ficara sabendo que a Madame Shakespeare tinha um conhecimento enciclopédico.

Encontrei a Madame Shakespeare apenas uma vez. Certa noite C., meu então namorado, hoje marido, e eu decidimos buscar o jantar no Gourmet Heaven, a loja de conveniência burguesa na Broadway que tinha uma variedade surpreendente de balas Haribo. Nunca vira uma névoa tão espessa em New Haven. Holloway surgiu como algo saído de um sonho: magra e pedindo 20 dólares. Precisava deles para ir para o abrigo feminino, ela nos disse, e queria uma marca específica de iogurte que só conseguia no Gourmet Heaven, mas havia sido proibida de entrar na loja por causa da polícia corrupta. Hoje sei que em 2002 ela foi detida por bloquear a entrada do Gourmet Heaven, e aparentemente foi detida várias vezes depois disso por outros delitos menores. Em 2004, quando eu já não estudava em Yale, ela tinha despencado para 40 quilos, e em 2009 foi notícia no jornal local por "fazer arruaça". Naquela noite nevoenta, dei-lhe mais dinheiro do que havia pedido, e esperei com ela enquanto C. foi comprar o iogurte que solicitara. Não lhe pedi que recitasse Shakespeare.

Em 2002, perguntei ao meu terapeuta-barra-psiquiatra – não a mulher que me designaram originalmente, mas um homem que se tornou meu médico depois da minha primeira hospitalização e que se parecia com o Gene Wilder: "Tem alunos aqui com esquizofrenia?".

"Por que a pergunta?", ele perguntou.

Não respondi, mas o que queria dizer era: *Tem alguém aqui num estado pior do que o meu?*.

A névoa ainda pressionava as patas de veludo nas janelas quando C. e eu voltamos para o dormitório naquela noite. Pousei o rosto no ombro dele, e ele me perguntou qual era o problema. Perguntei a ele se achava que eu poderia virar a Madame Shakespeare. Se minha mente seria capaz de ir tão longe a ponto de não conseguir encontrar o caminho de volta.

"Isso não vai acontecer com você", ele disse, embora eu tivesse levantado uma questão para a qual não poderia haver nenhuma garantia, e eu sabia disso. Na verdade, nenhum de nós tinha como saber. Ainda assim, precisava ouvir a garantia dele de que eu ia ficar bem. Eu lhe faria variações dessa pergunta ao longo dos dez anos seguintes, ou mais: "Não vou ser louca para sempre, né?". Mas nunca mais falamos daquela Madame Shakespeare.

Michelle Hammer não estudou em Yale, mas era uma daquelas misteriosas estudantes universitárias com esquizofrenia sobre as quais procurei me informar pelo meu psiquiatra Gene Wilder; fiquei sabendo a respeito dela por meio da linha de roupas focada na advocacia que ela comandava, batizada de Schizophrenic.NYC. No ensino médio, Michelle me contou, ela acreditava que a mãe estava tentando matá-la; assim que foi aceita na universidade, onde jogaria lacrosse, ficou aliviada com a compreensão de que estava a salvo do perigo. Depois de alguns meses na faculdade, porém, Michelle começou a temer que sua colega de quarto estivesse tentando matá-la. Foi naquele ponto, ela me disse, que chegou a uma conclusão: "Sou eu, não são as outras pessoas. Por que é que penso dessa maneira?".

Michelle foi ao centro de saúde estudantil. Esperava ser diagnosticada com alguma coisa, pois a ideia de ser "maluca" a assustava, e a promessa de tratamento oferecia uma espécie de esperança. Depois de uma avaliação inicial, lhe disseram que tinha transtorno bipolar e marcaram uma consulta com um psiquiatra, que lhe prescreveu Zoloft. "Não deu certo", ela disse. "[O psiquiatra] nunca me disse que esses medicamentos podem deixar você mais deprimida ou mais chateada. Então eu tomava, [mas] não tomava; tomava, não tomava, e então [...] Isso tudo no primeiro semestre, entrando nas férias de inverno."

Foi durante o inverno que as coisas ficaram ruins de verdade. Houve uma tempestade de neve, Michelle disse, e as aulas foram canceladas. Ela estava se embebedando no dormitório – uma atividade proibida – quando começou a ficar com medo: "Fico pensando, vou me meter numa tremenda enrascada. Todas essas coisas horríveis. Peguei um pedaço de vidro e abri o pulso".

As garotas que ocupavam um quarto no mesmo corredor descobriram. Alguém do Departamento de Polícia da Universidade (UPD na sigla em inglês) apareceu – "essa mulher monstruosa de 1,80 de altura", disse Michelle – e tentou entender o que estava acontecendo. Todo mundo, incluindo Michelle, foi obrigado a ir para a sala de convivência do dormitório.

"Então está todo mundo lá", Michelle disse, "e estamos todos num semicírculo em volta dela [...] Ela diz: 'Fiquei sabendo que tem um problema aqui. Todo mundo levantando a manga'. Aí basicamente ela começa pela esquerda, e tá todo mundo de boa. Aí ela chega em mim, e digo: 'É'. E aí ela diz: 'Bom, quero ver seus braços'. E eu digo: 'Bom, que tal a gente simplesmente ir para o meu quarto'. Porque isso tá rolando a tipo 1 metro [das outras pessoas], e eu podia simplesmente mostrar para ela no meu quarto, porque é muito constrangedor fazer isso com alguém. Especialmente na frente de todas aquelas pessoas".

De acordo com Michelle, ela se virou para entrar no quarto – e a mulher da UPD a agarrou pelo capuz do moletom e a jogou no chão. Michelle tentou rastejar para debaixo da escrivaninha. "De repente", disse, "meu pescoço é pisoteado por uma bota enorme. E ela pisa em mim e põe o spray de pimenta bem na minha cara e diz: 'Nem um movimento ou vou lançar spray em você'". Por fim, Michelle foi algemada. Apesar das interpelações insistentes da mulher, ela continuou a se recusar a erguer a manga – mesmo quando foi prensada contra uma parede no chão – mesmo quando chutava a perna dela ou acertava a bota no meio da cara da agente da UPD. No fim, a policial levou Michelle a um hospital.

Ficou claro, quando ouvi tudo isso, que Michelle ainda se ressente da maneira como foi tratada pela policial que foi averiguar a situação. Sem que lhe pedisse, Michelle me deu o nome completo da mulher. Ela disse: "Levei cerca de nove anos para conseguir contar essa história". Não ficou claro se a policial recebeu treinamento para lidar com crises, ou qualquer tipo de treinamento para lidar com alunos com doenças mentais. Consigo facilmente imaginar a cena: uma guardinha do campus se dirige a um dormitório com a única informação de que uma aluna cortou os pulsos. O pessoal de lá está mergulhado no caos por causa do álcool e da tempestade de neve e do comportamento dramático e autodestrutivo de um dos seus.

É necessário fazer exames de sangue periódicos quando se está tomando Depakote, a medicação que me prescreveram quando cheguei a Yale – não apenas para monitorar o nível sérico, mas também para conferir a saúde do meu fígado. Fiz diversos exames de sangue antes da primavera de 2002. Ninguém jamais me dissera que havia algo errado.

Algumas semanas antes do recesso de primavera, passei a precisar de menos sono. Em vez de ficar cansada à noite, o dia ia se acumular no espaço vazio, exigindo ser preenchido por atividades. Meus pensamentos deslizavam feito mensagens em fita de Telex, e queria correr em vez de caminhar; soquei uma árvore no Cross Campus, estremecendo com uma energia que o corpo não conseguia conter. De início a mania foi uma mudança bem-vinda depois das inexplicáveis quinze horas de sono de que quase sempre precisava à noite. Como acontece na maioria dos episódios maníacos, porém, a mania escapou depressa ao meu controle – meus pensamentos se rearranjavam em formas violentas e sem sentido, e logo parei por completo de dormir. Se uma ou outra pessoa reparou, preferiu não fazer comentários, embora C. estivesse preocupado, e tenha dito isso. Eu lhe falara a respeito do meu diagnóstico de transtorno bipolar, mas o transtorno bipolar não tinha nenhum corolário visceral para ele. Não apenas lhe faltava a experiência para saber o que a doença mental de fato significava como ele também não tinha nenhum plano de ação para uma emergência psiquiátrica.

Depois da alta frenética, veio a baixa. Meus pensamentos saltaram para o suicídio – minha vida inteira fora marcada pela doença e pela depressão, e não havia nenhuma razão para pensar que ia ser diferente. Estava convencida de que teria depressão para sempre, ainda que a semana anterior provasse, por si só, que essa crença era equivocada. Minha visão continuava míope e fraca enquanto eu escrevia duas listas em um caderno, assinalando os prós e contras de me retirar permanentemente da vida. A lista de contras era maior que a de prós, mas eu sabia que estava com problemas.

Nesse mesmo período, recebi uma ligação do laboratório de saúde estudantil com os resultados do meu exame de sangue, o que me surpreendeu porque eles nunca tinham me ligado antes. "Não parece haver um problema com o fígado", disseram, "mas você sabia que nunca teve um índice terapêutico de Depakote no sangue?".

Ao ouvir isso, o clamor na minha cabeça azedou, dando lugar ao que é conhecido no jargão dos transtornos de humor como "episódio misto". Episódios assim ocorrem quando uma pessoa passa a vivenciar sintomas de uma fase ao mesmo tempo maníaca e depressiva, como em episódios de depressão agitada. É considerado um estado perigoso de estar se a pessoa for suicida; uma pessoa seriamente deprimida vai achar difícil reunir energia suficiente para planejar e levar a cabo um suicídio, mas uma pessoa seriamente deprimida com uma injeção de norepinefrina é imprudente o suficiente para fazer as duas coisas. Minha médica aparentemente nunca ajustou meu Depakote para um índice terapêutico enquanto estive sob seus cuidados. Não conseguia esquecer a incompetência. Se ela não se preocupava, por que eu deveria me preocupar em continuar vivendo quando estar viva era tão difícil? O suicídio parecia uma boa opção, e ainda assim fui com minhas listas até o Departamento de Higiene Mental; apesar dos conselhos que recebera quanto a expressar ideações suicidas a um psiquiatra de Yale, eu não queria de fato morrer. No Higiene Mental, fui mandada para a Emergência e, quando o psiquiatra de plantão ficou sabendo das listas, fui despachada para o YPI. Não fui amarrada – seria amarrada da próxima vez, depois de uma overdose –, mas fui colocada em uma ambulância. Uma enfermeira no Higiene Mental me garantiu que minha médica ia me encontrar no hospital. Nunca encontrou, no fim das contas.

Depois de mais de uma semana no YPI, cheguei a um acordo com o decano e o chefe da psiquiatria: podia ficar em Yale se minha mãe fosse ficar comigo, fora dos limites do campus, pelo restante do ano. (Ao ficar sabendo desse plano, uma amiga que conhecia meu histórico familiar disse: "Achei que queriam que você *melhorasse*".)

Minha mãe morou comigo em um apartamento pequeno de dois quartos que ficava perto tanto do Jonathan Edwards College, onde eu estudava, quanto de um trecho de bares barulhentos. Nosso relacionamento melhorou aos poucos, mesmo que minha doença não melhorasse. Entre uma aula e outra, corria até a banheira; como a água quente era escassa no apartamento, minha mãe a carregava em caldeirões, aquecida no fogão. Preparou *noodles* taiwaneses. Desenhou elaboradas tabelas de medicamentos em papel canson. Chamou meu psiquiatra quando fiquei deitada no chão me contorcendo, soluçando, tomada por um suplício torturante.

De algum jeito cheguei ao final do ano letivo. Passei o verão longe de Yale, em casa na Califórnia, e então voltei no outono, quando o tempo ainda estava quente e úmido feito o interior de uma boca febril. Estava abalada, e queria mais do que tudo ficar bem.

Ainda estou tentando entender o que significa "bem", e em especial se existe uma versão normal de mim sob o transtorno, da maneira como uma pessoa com câncer é inicialmente uma pessoa saudável. Na linguagem do câncer, as pessoas descrevem uma coisa que as "invade" para então poderem "batalhar" contra o câncer. Ninguém jamais diz que uma pessoa *é* câncer, ou que *se tornou* câncer, mas dizem que uma pessoa é maníaco-depressiva ou esquizofrênica, uma vez que essas doenças assumiram o controle. Em meus cursos de educação entre pares, aprendi a dizer que sou uma pessoa com transtorno esquizoafetivo. A "linguagem da pessoa em primeiro lugar" sugere que há uma pessoa em algum ponto ali dentro sem os delírios e a incoerência e a catatonia.

Mas e se não houver? O que acontece se eu enxergar minha mente transtornada como uma parte fundamental de quem sou? Ela de fato moldou a maneira como vivo a vida. Se a pergunta for uma questão de percentual de existência, vivi tempo suficiente com transtorno esquizoafetivo para enxergá-lo como uma força dominante. E, se é verdade que penso, logo existo, talvez o fato de meus pensamentos terem sido tão intensamente marcados pela confusão signifique que esses pensamentos confusos compõem a gestáltica do meu eu; é dessa maneira que uso a palavra "esquizofrênica", embora muitos defensores da saúde mental tenham uma postura diferente.

Meus amigos com transtornos de ansiedade, por exemplo, tendem a falar da ansiedade como um elemento de sua personalidade. Laura Turner, em seu ensaio "How Do You Inherit Anxiety?" [Como você herda a ansiedade?], escreve que "Foi de Verna Lee Boatright Berg que herdei meu rosto alongado, minhas mãos ágeis, meu medo de que num dia não muito distante farei algo errado e o mundo vai acabar mal". Na cabeça deles, não há tábula rasa encoberta por uma camada transparente de hipocondria, transtorno de ansiedade generalizada ou transtorno obsessivo-compulsivo; esses pensamentos estão programados na cabeça deles, sem um eu que possa ser desembaraçado da patologia que vivenciam. O transtorno obsessivo-compulsivo de outra amiga foi significativamente apaziguado desde que começou a tomar

Prozac, mas ela continua a se sentir mais confortável quando as coisas estão organizadas, ainda que sua organização não seja mais prejudicial. Ela ainda lava as mãos de forma mais minuciosa do que qualquer pessoa que conheço.

Pode haver algum consolo na noção de que existe, lá no fundo, um eu irrepreensível sem transtornos, e de que, se tentar com bastante afinco, posso alcançar esse eu imaculado.

Mas pode não haver nenhum eu irrepreensível a ser alcançado, e, se continuar a lutar por um, posso enlouquecer durante o processo.

Deixei Yale definitivamente no início de 2003, embora não soubesse na época que era o fim da linha. Fora hospitalizada pela segunda vez no instituto – duas vezes em um ano, foi a forma como o chefe da psiquiatria apresentou a questão, embora fossem duas vezes em dois anos letivos –, e, por causa dessa falta de boas maneiras, fui convidada a me retirar.

O decano do Jonathan Edwards College me ofereceu a opção de declarar que minha saída era uma licença médica voluntária. Se a chamasse oficialmente pelo que era, ele explicou, uma licença médica involuntária seria uma mácula da qual eu nunca conseguiria me livrar. Essa opção foi oferecida como uma gentileza, mas eu era incapaz de enxergar qualquer coisa que me tivessem feito naquele mês, incluindo me imobilizar, como gentileza.

Yale me disse para ir embora imediatamente. Não tinha autorização para voltar a entrar no campus, de modo que alguém confiscou minha carteirinha de aluna, e meu atarefado pai, que viera da China para ficar comigo, recebeu a incumbência de fazer minhas malas. Informaram que eu devia estar no JFK[24] na mesma noite em que deixei o hospital – tão

---

24 Nome do aeroporto de Nova York. [NOTA DESTA EDIÇÃO]

urgente era o desejo de Yale de que eu fosse embora. Mas meu pai, em sua generosidade, em vez disso providenciou que C. e eu passássemos a noite no New Haven Hotel. Naquela altura, C. e eu estávamos juntos havia mais de um ano; os anos seguintes transcorreriam num relacionamento de longa distância, ainda que naquela altura não tivéssemos a mínima ideia de como conseguiríamos continuar juntos. Depois da minha expulsão de Yale, tivemos uma noite para nos despedir.

Enquanto estava sentada no quarto de hotel do meu pai, discutindo as coisas antes de ir para o nosso, o celular do meu pai tocou. Ele atendeu. Era alguém de Yale. "Vocês estão em Nova York?", perguntaram.

"Estamos", ele mentiu.

A única coisa de que me lembro de nossa noite no hotel é que peguei no sono cedo enquanto C. assistia *Showboat*. Nunca mais retornaria como aluna.

Em 2014, Katie J. M. Baker publicou um artigo na *Newsweek* intitulado "How Colleges Flunk Mental Health" [Como as faculdades levam bomba em saúde mental]. Era o texto pelo qual eu esperava – depois de ter escrito no blog sobre a minha experiência em Yale, recebi uma enxurrada de e-mails de alunos lutando para permanecer nas faculdades, de alunos de licença forçada das faculdades e de ex-alunos de nível superior que, como eu, nunca puderam voltar às faculdades. No artigo, Baker argumenta que transtornos psiquiátricos são punidos por faculdades e universidades que deveriam em vez disso acolher os estudantes sob a Lei dos Americanos com Deficiências (ADA na sigla em inglês). Em vez de receber ajuda, estudantes com doenças mentais quase sempre sofriam, como sofri, pressão, das faculdades nas quais um dia foram bem-vindos, para abandonar os estudos – ou eram forçados a tanto. A expectativa básica é a de que um aluno tem de estar mentalmente saudável para voltar à faculdade, o que é difícil e improvável de acontecer no nível em que a administração esperaria. Isso equivale a dizer, fundamentalmente, que os alunos não deveriam ter doenças mentais graves.

Como a ADA funciona para estudantes com transtornos mentais varia de faculdade para faculdade. Não tenho nenhuma lembrança de Yale nos dizendo algo a respeito de nos registrarmos como alunos com deficiência, ainda que essa explicação possa ter sido dada. Quando me transferi para Stanford, em 2003, o Escritório de Educação Acessível entrou em contato comigo a fim de preparar o alojamento, o que pareceu uma dádiva. Na Universidade de Michigan, onde concluí o mestrado em escrita criativa, é possível registrar uma condição de saúde mental contanto que a doença ou o transtorno diagnosticado "limite substancialmente uma ou mais atividades rotineiras". "É importante ressaltar", o site dedicado à vida estudantil afirma, "que um transtorno mental em si mesmo ou por si só não necessariamente constitui uma deficiência". Os estudantes que buscam registrar seu transtorno mental como deficiência devem enviar um formulário de verificação preenchido, e, se se qualificarem, lhes designarão um acompanhante terapêutico. O sistema é mil vezes melhor do que quando pesquisei alojamentos adaptados para as necessidades de alunos com doenças mentais alguns anos antes de escrever este livro. Em 2009 também me disseram, durante a formação de instrutores de pós-graduação, para nunca oferecer alojamento para estudantes que alegavam ter depressão, porque fingir depressão era muito fácil.

Baker aponta sabiamente as dificuldades que as faculdades e as universidades enfrentam quando o assunto é lidar com alunos com problemas de saúde mental: as instituições de ensino superior temem a responsabilidade, porque nenhuma quer ser processada devido ao suicídio de um aluno, ou levar a culpa por um massacre. De acordo com muitas pessoas que vivem e trabalham nesses lugares, não é realista esperar que faculdades e universidades deem aos alunos com doenças mentais graves o tratamento de que necessitam.

A esperança que existe para melhores condições está nas mãos de organizações como o Gabinete de Direitos Civis, que está "ativamente desenvolvendo políticas" para melhores práticas – ainda que o progresso dessas políticas seja na melhor das hipóteses vago. O Instituto Saks de Direito, Política e Ética para a Saúde Mental organizou, em 2014, um simpósio chamado *Várias vozes, uma visão: ajudando estudantes universitários com doenças mentais a tirar o melhor proveito de sua experiência acadêmica*, que incluía palestras sobre "alojamentos acessíveis" e sobre "evitar que o medo, a gestão de riscos e a falta de comunicação fiquem no caminho de uma experiência acadêmica bem-sucedida". A Fundação Jed, nacional e sem fins lucrativos, que descreve a si mesma como "[tendo uma existência voltada] para proteger a saúde emocional e prevenir o suicídio dos adolescentes e jovens adultos de nossa nação", anunciou em 2014 que 55 faculdades estão avaliando seus serviços de saúde, com foco em políticas de saúde mental. Uma busca superficial na internet, porém, indica que no ensino superior pouca coisa mudou para os estudantes com doenças mentais, que continuam a ser expulsos com regularidade por serem malucos demais para a faculdade.

Em um artigo publicado em 2014 no *Yale Daily News*, Rachel Williams descreve sua experiência com um assessor acadêmico de Yale que, depois de ficar sabendo que ela se automutilava, lhe disse que ela precisava ir para casa. "Bom, a verdade é que", ele diz, "a gente não necessariamente acha que você vai estar mais segura em casa. Só que simplesmente não podemos manter você aqui".

Tirei uma licença médica de um ano de duração. Frequentei aulas na Universidade da Califórnia em Berkeley e na

Faculdade de Artes da Califórnia, e ainda trabalhei como web designer. E me envolvi com marketing. Sempre planejei voltar a Yale enquanto C. terminava o último ano. Ele era são; ainda podia perambular livre pelo campus e cercanias. Elaborei uma lista de coisas que faria assim que voltasse: iria a mais exibições de arte, me juntaria a clubes, faria novos amigos. Inventava planos para viver em um apartamento fora do campus com uma amiga loira modernosa e maconheira que tivesse uma quedinha por mim.

Fui de avião a New Haven para quatro entrevistas que iam determinar se estava apta a retornar. A única entrevista de que me lembro é uma em que um homem jovial que eu nunca vira me disse que eu parecia pronta para retornar. Voltei para a Califórnia e esperei notícias deles, e, quando recebi, a resposta foi não.

De um e-mail que enviei para o chefe de psiquiatria da Universidade Yale:

Caro dr. X

Minha mãe e eu deixamos recados ontem e hoje na esperança de que fossem repassados ao senhor, mas nunca recebemos retorno ou qualquer indicação de quando receberemos retorno. Pensei em tentar a abordagem por e-mail, embora o senhor provavelmente seja inundado por e-mails o tempo inteiro.

Fiquei surpresa (como todos os meus amigos, familiares etc.) de saber que não havia sido readmitida, mesmo que tenha tentado me preparar para o pior. O decano C me disse para telefonar para o senhor, que poderia ter informações sobre como "tornar [minha] candidatura mais viável da próxima vez". Se o senhor tem essas informações, gostaria que me dissesse. Fico frustrada em saber que não fui readmitida, porque passei a ter plena certeza no ano passado de que estou mais do que pronta para voltar – meus amigos sabem disso, minha família sabe disso e meus médicos na minha cidade sabem disso. Infelizmente, a litania de pessoas que sabem que estou pronta para voltar não inclui as do comitê de readmissão. Não sei bem por que existe essa disparidade de opiniões, mas espero que o senhor possa me dar uma ideia com seu entendimento do que torna uma candidatura mais viável. Continuo me perguntando o que é que fiz de errado. São minhas notas? Meu ensaio? As cartas de recomendação? Foi algo que disse durante o processo de entrevistas? (Infelizmente, uma das pessoas do decanato que participou das entrevistas chegou a me dizer que me daria uma "recomendação entusiástica". Acho que essa recomendação entusiástica não me ajudou muito no fim das contas.)

Uma afirmação que eu ficava relembrando durante o processo de entrevistas dizia que o comitê não estava decidindo se eu podia retornar a Yale, mas quando. Suponho que o comitê tenha decidido que é do meu melhor interesse me manter afastada da faculdade por mais um semestre, provavelmente para "crescer" ou "amadurecer" – não posso falar por eles e pelo senhor, claro; só posso imaginar. E sei que vou ter de encontrar, por uma questão de autopreservação, coisas interessantes para fazer durante esse semestre. A parte decepcionante é que sei que esse semestre (e talvez outros semestres ainda depois desse – do jeito como vejo o processo agora, sou incapaz de compreender como as decisões são tomadas ou como são influenciadas) provavelmente vai transcorrer do mesmo jeito como transcorreu esse último ano que passei de licença médica: comigo no final me sentindo bem, animada para voltar à faculdade, e sabendo que minha sina é ser julgada com base no quanto demonstro bem o quanto estou legal.

Também ficava me perguntando por que o senhor nunca entrou em contato com meus médicos na minha cidade, levando em consideração que eles me conhecem muito bem e que trabalharam comigo durante a licença, e levando em consideração também que o senhor me disse, no final da semana em que fui entrevistada, que iria entrar.

Ficaria encantada se o senhor pudesse responder tanto quanto possível às minhas perguntas, visto que os últimos dias têm sido de frustração e decepção (sem um término em vista), e entender o processo por trás do que agora parece uma decisão bastante arbitrária e incorreta me ajudaria. Além disso, estou sem saber o que fazer neste próximo semestre. Não creio que uma faculdade permitiria que me matriculasse nas aulas com o semestre de primavera tão próximo. O que é exigido de mim se quiser me inscrever e tentar novamente?

Como afirmei anteriormente, uma resposta seria muito bem-vinda. Obrigada pela atenção.

No fim, Yale não me devia nada, nem mesmo uma explicação. Não precisava me aceitar uma segunda vez, já que provei ser lunática, nem precisa reconhecer, nas revistas de ex-alunos, e tantos anos depois, que alguma vez estudei ali; não precisa me admitir no Yale Club em Manhattan.

E eu não devo nada a Yale. Reciclo os pedidos de doação que C. recebe sem abri-los. Faço o mesmo com as revistas de ex-alunos.

Quando era uma *Yalie*, costumava furtar. Raramente furtava algo substancial: uma caneta aqui e ali na papelaria, uma vez uma faixa de cabelo na Urban Outfitters. Certa vez estava segurando uma pilha de livros na livraria do campus na Broadway e vi que a fila estava longa. Num impulso, ergui a cabeça e saí da loja, ainda carregando os livros. Nenhum alarme soou. Ninguém me perseguiu. Olho para trás e digo a mim mesma que era jovem e imbecil; então me seguro. Uma das poucas fotografias que tenho da faculdade é uma foto minha na frente da Urban Outfitters na Broadway, segurando uma camisa sem mangas que comprei na promoção. Estou com um sorriso enorme e de franja cortada. Sou jovem e cheia de erros pela frente, mas não fui a única que errou naquela época.

A escolha dos filhos

Na primavera de 2007, a diretora clínica do Acampamento Wish, que também foi minha colega de trabalho no Departamento de Psiquiatria de Stanford, me disse que minha experiência com entrevistas clínicas me tornava uma excelente voluntária em potencial para um acampamento de jovens bipolares. Estávamos paradas diante do elevador do escritório. Sorri e lhe pedi que me mandasse um formulário de inscrição, mas não lhe disse o que realmente pensava.

Entrando no elevador, visualizei 72 horas com crianças de 9 a 18 anos com transtorno bipolar. Elas podiam ter alucinações. Podiam ter múltiplos diagnósticos, incluindo Asperger[25], transtorno do déficit de atenção (DDA), transtorno do déficit de atenção com hiperatividade (TDAH), transtorno global do desenvolvimento (TGD) e transtorno opositor desafiador (TOD). Nos piores momentos, estariam berrando,

---

25 A síndrome de Asperger deixou de existir como diagnóstico no *DSM-5*. Ela pertence agora ao domínio do transtorno do espectro autista (TEA). Logo, indivíduos previamente diagnosticados com Asperger agora recebem um diagnóstico de TEA de alto funcionamento. [N.R.T.]

gritando, chorando, e talvez ficassem violentas. Nos melhores, iam querer – nesse ponto estremeci por dentro, um estremecimento cínico – *brincar* comigo.

Na época, acreditava que minha pretensa antipatia por crianças provavelmente tinha raízes no autoengano. Eu tinha o costume de comer doces, e, depois de ter decidido cortar o açúcar por razões dietéticas, aprendi, no lugar de uma explicação mais completa, a dizer "não gosto de sobremesa". Durante anos não pus açúcar no café; às vezes achava as frutas muito sacarinas. Ninguém que me conheceu durante determinada década sabia que um dia já me empanturrei de cheesecake e caramelos. Da mesma forma, evitava brincar com crianças, porque temia acionar um impulso biológico e emocional. Eu não dizia *não gosto de crianças*, mas era isso que pensava toda vez que alguém tentava me entregar um bebê.

Ainda assim, não conseguia esquecer o conceito de sessenta crianças com o mesmo diagnóstico reunidas para se divertir. Ter transtorno bipolar significa que você pode enfiar seu carro numa árvore num frenesi maníaco, ou gastar toda a sua poupança em meias porque acha que a Era do Gelo vem aí, ou se matar com um tiro porque a dor está pesada demais, e pouquíssimas pessoas, com exceção de cerca de 1% ou 2% da população que compartilha seu diagnóstico, vão entender. As crianças com transtorno bipolar podem ter uma forma do transtorno distintas da de suas contrapartes adultas, mas seu fardo é tão difícil quanto, se não pior – de acordo com a Aliança Nacional de Doença Mental, "[O transtorno bipolar pediátrico] se manifesta com maior gravidade e sua estrada até a recuperação é bem mais longa do que se vê em adultos". Queria ajudar as crianças do Acampamento Wish, mas entreguei minha inscrição a Megan com um motivo escuso: também queria me sentir menos sozinha.

O Acampamento Wish foi criado em 2005 como um "típico" acampamento de verão para crianças e adolescentes bipolares que teriam problemas com a configuração de um acampamento convencional – sendo esses problemas uma das possíveis razões pelas quais o acampamento dura apenas três dias. O cenário é bucólico, com colinas amarelas onduladas e um punhado de árvores. Uma fundação familiar doou o terreno ao Acampamento Wish e, caso se encontrasse no acampamento, você poderia deixar passar batidos os sinais de transtorno bipolar grave no grupo de crianças de 9 a 18 anos e focar sua atenção nas cabanas luxuosas, no refeitório refinado e nas amplas áreas de recreação repletas de jovens entretidos com macramê e basquete.

O transtorno bipolar ainda está por ser totalmente compreendido em adultos, e é ainda mais misterioso em crianças. Aquelas com transtorno bipolar pediátrico têm estados de humor mais difíceis de detectar que podem oscilar depressa, fazendo com que a doença seja de difícil diagnóstico. Uma criança que vem se comportando mal nas aulas tem TDAH, tem TOD, está em estado maníaco, todas as alternativas anteriores ou nenhuma das alternativas anteriores? Outros comportamentos associados ao transtorno bipolar pediátrico incluem hipersexualidade, alucinações e delírios, comportamento suicida, violência, agitação e dificuldade de avaliar corretamente as situações. A própria existência do transtorno bipolar pediátrico representa uma controvérsia entre aqueles que acreditam que as crianças são novas demais para serem diagnosticadas com uma doença mental tão pesada, ou aqueles que acham que diagnósticos como os de TDAH e TOD, junto com a depressão unipolar, também conhecida como depressão maior, são rótulos mais adequados para o tipo de irritabilidade e fúria que com frequência se manifesta nas referidas crianças.

A fundação que financiou o Acampamento Wish acredita que o transtorno bipolar pediátrico é algo concreto e terrível. Seu site – fazendo referência a uma estatística bastante citada[26] – menciona que ele afeta aproximadamente 2 milhões de crianças nos Estados Unidos. C. e eu partimos para o acampamento com sessenta delas no verão de 2007.

Aaron era atarracado e tinha o cabelo loiro raspado. Gostava de futebol americano e raramente sorria. Julian sorria bastante e usava uma bandana verde em volta do pescoço. Mark vestia as mesmas roupas todos os dias: uma camiseta branca, bermuda cargo e um boné de beisebol virado para trás. Coletava coisinhas miúdas, como aviões de brinquedo e seixos, para pôr no bolso. Alex era bem parecido com Julian, a não ser pela bandana verde. Stuart, o menor dos cinco meninos, era baixinho, magro e vivia com a camiseta enfiada na bermuda, com as meias puxadas até onde dava.

Como monitor-chefe da nossa cabana de quatro monitores e cinco garotos, C. carregava consigo uma pasta azul enorme cheia de questionários. Esses questionários, meticulosamente preenchidos pelos pais dos meninos antes de irem ao Acampamento Wish, davam conta do básico: diagnósticos de (múltiplas) comorbidades, a gravidade do transtorno bipolar, preferências alimentares, histórico de hospitalizações, regime medicamentoso e assim por diante. Os questionários abrangiam também detalhes menores, mas ainda assim essenciais. Um menino só conseguia dormir à noite enquanto ouvia seu iPod; todos os meninos molhavam a cama; todos gostavam de praticar esportes (algo de que eu tinha pavor). Uma questão que achei particularmente contundente pela franqueza era: "Como você e seu(a) filho(a) lidam com um ataque de fúria ou mania?".

26   R.M. Post, R.A. Kowatch. "The health care crisis of childhood--onset bipolar illness: some recommendations for its amelioration". *Journal of Clinical Psychiatry*, 2006, vol. 67, n. 1, pp. 115-125. [N.R.T.]

Por mais de uma década, não quis ter filhos biológicos, nem mesmo pensei nisso, mas hoje me vejo muitas vezes do lado receptor de "novidades" previsíveis. Se um dia a frase "Temos novidades!" dita por um casal quase sempre significava um anúncio de casamento, agora a declaração é seguida, sobretudo se o casal for heterossexual, por "Estamos grávidos!".

Embora as pessoas próximas a mim saibam exatamente por que não tenho filhos, e exatamente por que também não penso em adoção, algumas pessoas saudáveis ainda me perguntam se ter filhos e/ou criar filhos faz parte do meu projeto de vida. Se mal conheço a pessoa, digo alguma coisa vaga a respeito de ter uma doença genética grave e deixo por isso mesmo. Se a pessoa insiste, falo dos medicamentos que tomo, do potencial que têm de causar danos a um feto, das prováveis complicações no pós-parto e das chances genéticas de transmitir meu transtorno para meu filho ou minha filha.

E também há a pergunta feita por aqueles que aparentemente não suportam a ideia de eu não ter um filho ou filha na minha vida: "Mas e a adoção?".

O que quero dizer é *Tenho transtorno esquizoafetivo. Passei metade de 2013 psicótica e posso ficar psicótica de novo a qualquer momento. Não quero obrigar uma criança a me ter como mãe.* Fico furiosa com o interrogatório.

Antigamente eu queria filhos biológicos. E aí, horas depois de parar na frente de uma loja de roupas infantis em San José, na Califórnia, não queria mais. Era o início do relacionamento com C., que era então um mero namorado, com meros vinte e poucos anos. Fiquei olhando as mulheres comprando casaquinhos de botões e blusas em miniatura com golas do Peter Pan, com minhas próprias sacolas de compras pendendo ao lado. Depois telefonei para ele e disse: "Passei na Gymboree mais cedo e pensei em você". Embora ele tivesse falado diversas vezes que queria ter filhos comigo, essa foi a primeira vez que retribuí, ainda que de forma vaga, o sentimento.

Ele ficou em silêncio. "Falei com minha mãe", disse.

Não entendi.

"Ela disse que doenças mentais são genéticas."

"Ah. Tudo bem, então", eu disse. "Esquece o que eu disse. Não quis dizer isso."

Na época, fazia anos que tinha sido diagnosticada com transtorno bipolar I, antes conhecido como depressão maníaca, e caracterizado primordialmente no DSM-4 – o referencial usado na época – como uma combinação de episódios maníacos e depressivos alternados. Os sintomas de mania incluem uma semana ou mais com: delírios de grandeza, como imaginar que tem poderes mágicos; ausência ou grave diminuição da necessidade de sono; voos de ideias ou pensamentos acelerados; comportamentos de risco; funcionamento comprometido; e, em alguns casos, psicose. A depressão é caracterizada por duas semanas ou mais de sintomas como humor deprimido, diminuição do interesse ou prazer em quase todas as atividades, fadigas e sensação de inutilidade. Nenhuma descrição de manual do transtorno bipolar, porém, dá conta da experiência do transtorno em si. Kay Redfield Jamison escreve: "Há um tipo particular de dor, euforia, solidão e terror envolvido nesse tipo de loucura". Fui diagnosticada com transtorno bipolar logo antes do meu primeiro ano na Universidade Yale, doze anos antes de o transtorno esquizoafetivo surgir no mapa.

Às seis horas, fiquei olhando Stuart comer. Ele estava em uma dieta restritiva e parecia chateado com aquilo. Os outros meninos falavam do primeiro dia, que tinha sido bastante normal – houve algum comportamento agressivo, uma leve discussão e umas poucas alterações de humor aqui e ali, mas correr no encalço dos meninos não tinha sido tão ruim quanto eu temia. Na verdade, estava bem contente olhando os perus selvagens com Julian enquanto os outros jogavam futebol americano. Mas me preocupava com Stuart.

"Quantos galões tem em 1 litro?", ele gritou em um tom monótono e robótico.

Os meninos olharam para ele, confusos.

"Zero ponto dois-seis-quatro! Qual é o maior dinossauro?"

Aaron riu.

"Argentinosaurus!"

"Por que você está fazendo perguntinhas de quiz?", Alex perguntou.

"Não são perguntinhas de quiz", Stuart disse, rígido. "São fatos científicos."

Tanto Mark quanto Stuart tinham TGDs que acompanhavam o diagnóstico de bipolaridade. O TGD mais conhecido é o autismo[27]; todos os TGDs envolvem atrasos na interação social e na comunicação. Mark tinha Asperger, no geral tido como uma forma de autismo que permite um melhor desempenho. Stuart tinha TGD-SOE, ou TGD sem outra especificação. Mark, porém, tinha um desempenho bem melhor que o de Stuart, que parecia incapaz de manter uma conversa sem berrar fatos científicos ou recitar, com um nível Savant de detalhes, os enredos dos filmes do Harry Potter. Aaron foi o primeiro a chamar atenção para isso.

"O Stuart é retardado", ele cantarolou enquanto recolhíamos a louça.

"Para com isso", Stuart disse, ficando vermelho.

"E ele não é retardado? Retardado, retardado. E bebê chorão." A maioria dos acessos de raiva daquele dia fora de

---

27 Apesar de a nomenclatura utilizada preferencialmente hoje ser "transtorno do espectro autista", manteremos a opção da autora. [N.E.]

Stuart, no geral por causa de discussões sobre as regras das brincadeiras. Ele gostava de brincar, mas explodia sempre que uma regra não agia em seu favor.

Os outros meninos, sentindo que Aaron havia se tornado o macho alfa, se juntaram ao deboche. Nós, monitores, nos adiantamos – "Olha, isso não é legal" –, mas não foi suficiente, e mesmo agora não tenho certeza do que eu, despreparada e inexperiente como era, devia ter feito.

Meu irmão mais novo e a esposa tiveram uma filha no ano passado. Agora sou tia, e C. é tio. Conhecemos nossa sobrinha no dia em que nasceu, chegando ao luxuoso quarto de hospital para tirar fotos e arrulhar para a recém-nascida. Não a peguei no colo; até hoje ainda não a peguei no colo. Ela sabe quem sou e sorri e acena quando me vê, o narizinho se enrugando enquanto os olhos se apertam de contentamento. Eu a amo cada vez mais à medida que o tempo passa e ela fica mais independente, virando uma pessoa.

A chegada de K. ao mundo me encheu de uma ansiedade visceral. O mundo está um caos. No início do ano, um presidente cuja plataforma foi impulsionada pelo racismo e pela xenofobia tomou posse. Também temo que K. vá herdar, como filha do meu irmão, os genes que me iniciaram nas esquizofrenias. Uma vez li que ter um filho ou filha é viver eternamente com medo, embora essa atitude talvez só se aplique a certo tipo de pai e mãe; como tia de K., sinto que preciso estar vigilante quando se trata da saúde mental dela. Algum dia, se tivermos sorte, ela será adolescente. Provavelmente será geniosa. Ao mesmo tempo, não sabemos absolutamente nada sobre quem ela acabará por se tornar.

Nós, monitores, atuávamos no Acampamento Wish – como a maioria, se não todos os pais e mães – com pouco ou nenhum treinamento e, ainda que me doa dizer isso, com pouca supervisão. Como éramos adultos, os administradores do acampamento supunham que agiríamos motivados pelos melhores instintos. Se topássemos com uma situação com a qual não conseguíssemos lidar, disseram, deveríamos entrar em contato com nossos superiores.

À tarde, depois de uma briga na mesa de sinuca, C. levou Stuart para dar uma caminhada e se acalmar. Stuart disse a C. que não tinha nenhum amigo no acampamento. Sua mãe lhe dissera que ele conseguiria fazer amigos no Acampamento Wish, onde as outras crianças eram iguaizinhas a ele, porém as coisas no acampamento eram do mesmo jeito como eram na cidade dele – e ele não tinha ideia do que fazer em relação a isso.

"Eu sou seu amigo", C. disse.

"Você não é um amigo *criança*", Stuart respondeu.

Naquela noite, quando enfim ficamos sozinhos, C. me disse: "Não paro de pensar em como vai ser a escola para ele quando começar o ensino médio no outono. Ele disse que nunca teve um amigo na vida. É tão triste, cacete".

Um dia vi um beija-flor perto do muro de pedra baixo do lado de fora da enfermaria do Acampamento Wish. Quando o apontei, Stuart gritou: "Beija-flores batem as asas cinquenta vezes por segundo!".

Por volta das oito horas da manhã todas as cabanas se arrastavam até a enfermaria. Os campistas deveriam ser medicados, de modo que todos, dos 9 aos 18 anos, iam formar uma fila e tomar os comprimidos.

Havia uma ampla variedade de comprimidos, mantidos em frascos de plástico e em saquinhos dentro de tubos: estabilizadores de humor como Tegretol e Depakote e lítio; benzodiazepínicos para a ansiedade; antipsicóticos; até mesmo antidepressivos, que têm potencial para induzir a mania etc.

Eu tinha tomado sete tipos de psicotrópicos na vida e tomava quatro naquele verão. Como não sabia se podia fazer isso na frente dos campistas, não tomava os medicamentos nos horários corretos, optando em vez disso por dar uma passada na enfermaria no final da tarde. Ficava olhando enquanto um batalhão de crianças tomava seus comprimidos sem pestanejar e sem constrangimento, e então davam tchauzinho para as enfermeiras e reemergiam no ar fresco. Algo com maior potencial de unir as crianças do que músicas de acampamento, pensei.

"Retardado", Alex murmurou, e os meninos apontaram para Stuart, dando risadinhas.

C. estivera em contato frequente com Megan e os administradores por causa de Stuart, desde que as provocações começaram; a certa altura o bullying se tornou brutal o suficiente para que os gestores decidissem que Stuart deveria ser transferido para outra cabana da mesma faixa etária, com pré-adolescentes. C. e eu informamos a Stuart, a sós, que ele estava de mudança para a cabana ao lado, onde esperávamos que as coisas fossem mais tranquilas para ele. Eu seria afastada junto com Stuart e designada como sua segurança particular. Embora Alex tivesse mordido e chutado C., deixando um hematoma que ia durar semanas depois de terminado o acampamento, e Julian estivesse sofrendo com alucinações constantes apesar da medicação, Stuart precisava de mais cuidado.

Enquanto C. e eu nos preparávamos para a mudança, Stuart espiou pela janela e viu Aaron, Julian, Mark e Alex jogando uma variação de futebol americano lá fora. "Quero jogar", ele disse. C. e eu nos olhamos apreensivos, mas C. por fim o levou lá para fora e eu fiquei na lateral do campo, onde logo vi Stuart fazer um *touchdown*. Eu transbordava de alegria enquanto ele aplaudia e se pavoneava pelo campo – até os outros garotos aplaudiram seu excelente domínio dos pés. Mas então um deles deu uma trombada acidental em Stuart durante o jogo, o que o levou a gritar. C. o tirou do campo enquanto ele berrava e se debatia. Os outros meninos bradavam "Bebê chorão! Bebê chorão!" atrás deles.

C. e Stuart entraram na cabana. "Vamos fazer sua mudança agora", C. disse, tentando soar otimista. Ele me dissera mais cedo que Megan e o psiquiatra encarregado recomendaram fazer a mudança de Stuart em um momento em que os outros meninos estivessem distraídos. "Não vão notar que o Stuart foi embora e provavelmente não vão dizer nada se notarem", Megan dissera. "Vão estar muito envolvidos com as próprias atividades."

Então levei Stuart e as mochilas dele para a outra cabana. Stuart olhava nervoso na minha direção – não conseguia fazer contato visual, um sintoma comum do TGD –, e vasculhei a caixa de jogos à procura de algo para a gente fazer que tivesse a menor probabilidade de provocar um acesso de raiva.

Então ouvi os outros meninos voltarem para a cabana deles. "Ei, ele foi embora!", uma voz gritou. "O bebê chorão foi embora!"

"Finalmente!"

"Uhu!"

Uma explosão de berros e vivas foi ouvida na nossa antiga cabana. C. e os outros monitores gritaram para que eles parassem. O rosto de Stuart se contorceu, e o afastei depressa das cabanas, levando-o para jantar. Na nossa ausência, Megan visitou a cabana de C. e falou com os meninos a respeito do bullying. Descobriu-se que todos eles sofriam bullying nas suas escolas.

Li no *New York Times* que um filho ou filha de um pai ou uma mãe com transtorno bipolar tem treze vezes mais probabilidade de desenvolver o transtorno do que um filho ou filha de um pai ou mãe que não o tem. Um artigo sobre loucura e maternidade publicado na *Salon*, escrito por uma mulher com transtorno bipolar, evocou as seguintes respostas dos leitores: "Cresci com uma mãe bipolar, e isso fez com que minha infância fosse um pesadelo"; "Sei que deveria dizer que estou contente por ter nascido, mas [como filha bipolar de uma mãe bipolar] não estou"; "Alguém que é mentalmente instável o suficiente para ter de tomar psicotrópicos NÃO deveria, em hipótese alguma, sequer pensar em ter filhos". Li 68 comentários. Desses eu me lembro.

Por trás do coro desses comentaristas de internet está minha mãe, que sabia que tinha um histórico familiar de doença mental quando ficou grávida de mim. Ela ficou, de início, reticente com os colapsos e suicídios. À medida que eu crescia e meus sintomas pioravam, minha mãe às vezes expressava culpa e arrependimento pelo fato de ter transmitido esse "sofrimento" para mim, e hoje em dia me diz que seria melhor eu não ter filhos. Há duas questões aqui: uma é o ato de passar adiante um fardo genético, e outra é minha capacidade, como mulher vivendo com uma doença mental grave, de ser uma boa mãe.

Em Yale e Stanford, era comum ver anúncios solicitando doadoras de óvulos nas páginas finais do *Yale Daily News*, do *Yale Herald* e do *Stanford Daily*. Os anúncios prometiam milhares de dólares por óvulos do que se supunha ser uma boa linhagem; muitas vezes via requisitos de boas notas e vez ou outra também via requisitos étnicos. Ao me ver em carne e osso e analisar meu *curriculum vitae*, uma pessoa poderia se ver compelida a perguntar pelos meus óvulos, que eventualmente seriam rejeitados devido ao requisito de "doadoras saudáveis" do anúncio.

Nem C. nem a mãe estavam sendo cruéis quando trouxeram à tona a preocupação com a minha adequação emocional e genética. Estava particularmente mal naquele ano. Fiquei maníaca; passei uma semana sem dormir mais do que duas ou três horas por noite, ou simplesmente sem dormir; não conseguia me deter em um pensamento sem disparar para o próximo; rabiscava coisas sem sentido e sem me ater à gramática nas aulas; socava árvores no Cross Campus. Depois que as manias seguiram seu curso, fiquei imóvel, deprimida, suicida. Fui hospitalizada duas vezes, por um total de vinte dias. Ameaçara tomar uma overdose um dia, seguira em frente e tomara uma overdose em uma ocasião diferente, fora fisicamente contida em um leito na emergência e me cortara e queimara incontáveis vezes. C. e a mãe estavam apenas pensando em outros desdobramentos em que eu curiosamente não pensara.

A vida melhorou para Stuart na nova cabana. Os novos meninos eram bem mais pacientes com suas dificuldades sociais. Embora ele ainda manifestasse acessos de raiva e tivesse abandonado o campo durante outro jogo de futebol americano, me recordo de uma partida de trinta minutos de Lig 4 entre Stuart e um veterano tranquilo do acampamento. Não lembro quem perdeu ou ganhou.

Stuart também era bem engraçado. Ao ser posto no chão durante uma atividade que envolvia cordas porque se recusou a continuar subindo, ele fez uma piada sem nenhum constrangimento sobre se sentir como "uma tonelada de tijolos num canteiro de obras". Ele tendia a concluir todas as piadas com uma risada alta que era como um latido: "*Há!*".

C. organizou discretamente uma confraternização na piscina entre Alex e Stuart, que eu poderia supervisionar. Eles brincaram sem incidentes durante horas. "Olha como seu noivo é fofo com as crianças", outra monitora me disse. "Você deve estar ansiosa para ter filhos com ele um dia."

Na segunda e última noite de acampamento, Stuart começou a apresentar algum tipo de problema respiratório. As únicas queixas que tinha eram que a saliva estava grossa e que "não conseguia respirar direito". "Isso sempre acontece", soluçou.

Levei-o à enfermaria. O médico de plantão lhe deu sua medicação e um inalador e lhe disse para ir cedo para a cama; acompanhei-o até a cabana vazia e ele subiu até a cama de cima do beliche, as lágrimas escorrendo.

"É tão ruim", ele sussurrou.

"Eu sei", eu disse. "Fecha os olhos."

Mal conseguia alcançar a parte de cima do beliche na pontinha dos pés, mas fiquei o mais alta que pude para poder vê-lo. "Está tudo bem", sussurrei. Ele estremeceu de desconforto, apertando os olhos com força e enxugando as lágrimas de tempos em tempos com as costas das mãozinhas. Disse a ele para tentar relaxar. Acariciei sua franja com a palma da mão. Cantarolei canções de ninar chinesas, e, quanto mais ficava ali e acariciava e cantarolava e sussurrava, mais imóvel ele ficava, até que pegou no sono. A certa altura vi, com o canto do olho, o rosto de C. na janela da cabana.

Depois ele me disse: "Você daria uma boa mãe".

"Foi uma noite", eu disse.

Na manhã seguinte, durante as cerimônias de encerramento, os líderes do acampamento instruíram os campistas a dar a volta no círculo e dizer algo a respeito de sua experiência no Acampamento Wish. As cabanas de pré-adolescentes tiveram um café da manhã caótico – Aaron, que tirara sarro de Stuart quase o tempo inteiro em que estiveram no acampamento, se enrolou num canto do refeitório e não quis se levantar, e um dos meninos da cabana nova de Stuart começou a chorar e berrar devido à necessidade de ir para casa *imediatamente*.

No círculo, me sentei na minha cadeira de armar e fiquei escutando à medida que cada campista falava de "fazer amigos" e "pertencimento". Então foi a vez de Stuart.

Ele ficou parado com as mãos enfiadas nos bolsos. "Não gostei do acampamento no início", ele disse. "As pessoas eram malvadas comigo. E não pensei que fosse fazer algum amigo. Mas então me diverti e fiz alguns amigos. E quero voltar no ano que vem."

Fiquei feliz por estar usando óculos escuros, porque comecei a chorar.

A doença mental me impediria de ser uma boa mãe? Deu tudo certo no acampamento. Tomei conta dos meninos, e, depois de ter saído da primeira cabana, tomei conta de Stuart. Mas não estava sofrendo de mania ou depressão naquela altura, e não creio que me deixassem tomar conta dos filhos de outras pessoas se estivesse. E desde então, tendo desenvolvido sintomas psicóticos que fizeram meu diagnóstico passar para o de transtorno esquizoafetivo do tipo bipolar, me peguei esquecendo de alimentar a cachorra. Depois lembrei, e aí não me importei o suficiente para alimentá-la. Às vezes não consigo dizer mais do que duas palavras ou me mexer. Há períodos em que sei que meu marido foi substituído por um robô idêntico.

A mãe da minha amiga Amanda tem transtorno bipolar. Ela foi hospitalizada num Natal quando Amanda era criança, e Amanda odeia o Natal desde então. Minha tia-avó com uma doença mental negligenciou a tal ponto o filhinho que não podia mais ficar com a guarda dele. Morreu num hospital psiquiátrico. Uma das minhas tias tentou matar o marido com uma faca de cozinha. Eu poderia ser uma dessas mulheres?

Por outro lado, mães fazem coisas ruins o tempo inteiro. Talvez o maior problema seja uma criação negligente por parte dos pais, e não o transtorno esquizoafetivo. Posso traumatizar meu filho ou filha de uma maneira que não tem nenhuma relação com a mania, a depressão ou a psicose. Ou posso compensar meus defeitos neurológicos sendo uma mãe especialmente boa – uma que lê pilhas de livros sobre criação de filhos e instrui os filhos desde cedo sobre comportamentos estranhos que podem ocorrer em casa.

A mãe de Stuart veio buscá-lo sozinha. Era uma mulher vivaz e animada que conversou com C. e comigo a respeito das aulas de equitação de Stuart. A partir de alguns comentários dela, C. e eu mais tarde deduzimos que era uma mãe solteira que trabalhava para dar a Stuart a melhor vida possível. Quando ela saiu para recolher as medicações e a papelada de Stuart na enfermaria, Stuart se enredou na mesma hora em uma discussão por causa do hóquei de ar.

"Me deixa jogar", ele disse para duas meninas que tinham acabado de se instalar junto à mesa.

"A gente acabou de chegar", elas disseram.

"Quem sabe você não assiste e então joga uma partida quando elas terminarem", sugeri.

"Quero jogar *agora*", ele disse, o tom de voz se elevando.

E essa seria a realidade de estar com Stuart, ou com qualquer criança com alguma dificuldade. Seriam 24 horas por dia, 7 dias por semana, 365 dias por ano. Não um dia no acampamento, ou três dias, ou três semanas. Uma vida inteira. A mãe de Stuart por fim voltou com as coisas, deu-lhe um abraço e disse que era hora de ir.

Stuart não se despediu nem de C. nem de mim. Simplesmente foi embora, e não o vimos desde então.

Voltando para casa, C. e eu estávamos, de início, em silêncio.

"Podíamos ter um filho assim", eu disse por fim.

Ligada ao remorso e à culpa da minha mãe há uma pergunta adicional invisível que tenho para ela, que é: teria sido melhor se eu nunca tivesse nascido? Embora tenha deixado meus pais orgulhosos, não consigo parar de me perguntar se isso compensa terem me visto desmoronar ao longo dos anos. Se minha mãe tivesse sido capaz de escolher minha genética, talvez rearranjasse algumas coisas. Eu seria uma pessoa completamente diferente.

Apesar de todos os meus receios de ficar o tempo inteiro de olho em uma criança com uma doença mental ou qualquer outra deficiência grave, as próprias razões pelas quais pensei que não queria filhos talvez sejam os fatores decisivos que terminariam por me fazer mudar de ideia. Fiquei surpresa com meu amor por Stuart. Ele era inteligente e hilário, e conhecia um montão de curiosidades fascinantes. Ele e eu também compartilhávamos um diagnóstico, e talvez fosse por isso, mais do que tudo, que eu tivesse paciência para os acessos de raiva e as esquisitices. "Podíamos ter um filho assim", eu tinha dito – e de fato podíamos.

Depois de ter o DIU removido por razões médicas, C. e eu começamos a discutir formas mais definitivas de contracepção. Falamos de ligadura de trompas, Essure e de vasectomia. E ainda assim insisto que não quero uma ligadura de trompas ou o Essure. Digo a C. que há maior probabilidade de reverter uma vasectomia. Quando me pergunto por que me importo com uma possível reversão, descubro que não sei.

Fiz uma cirurgia abdominal com vinte e tantos anos. Havia um cisto gigantesco no meu ovário direito, e ele tinha de ser removido; era possível que perdesse o ovário junto com o cisto. Quando acordei, a primeira coisa que me lembro de perguntar para a enfermeira foi: "Meu ovário está bem?".

Ela assentiu. "O ovário está bem", ela disse. E então acrescentou: "Você já perguntou. Quando saiu da anestesia geral, essas foram as primeiras palavras que saíram da sua boca".

Na unidade

Com os privilégios de Nível Um no hospital psiquiátrico em que fui involuntariamente internada em 2002, o paciente tinha autorização para sair da enfermaria para o café da manhã. Como passei metade do primeiro dia escondida no guarda-roupa do quarto, soluçando, ninguém sabia que eu não era um perigo para mim mesma ou para os outros, então tomei o primeiro café da manhã sem nenhuma classificação, recolhida ao lado do posto de enfermagem em uma mesa de plástico redonda. Escolhi cereal com passas de uma seleção de caixas de tamanho pré-escolar. Comi o cereal sob supervisão com uma colher de plástico. Bebi suco de maçã, que vinha em um recipiente plástico com uma cobertura de alumínio e um canudo. Havia pacientes que estavam ali havia mais tempo, que eram bem-comportados e que também tomavam o café da manhã na enfermaria; cartazes pendurados nas portas dos quartos deles indicavam que recebiam terapia eletroconvulsiva e, portanto, não podiam comer antes dos tratamentos matinais.

A enfermeira que checou meus sinais vitais na segunda manhã me informou que eu havia sido elevada ao Nível Um, o que tomei como um bom sinal. Fui me sentar perto da televisão por um tempinho com alguns dos outros pacientes, todos eles grogues como efeito colateral dos psicotrópicos e nada comunicativos.

Por fim, os pacientes de Nível Um passaram a rondar a saída da enfermaria, como se fosse um portão no terminal de um aeroporto e estivéssemos todos ansiosos para descolar um espacinho no compartimento superior. Um punhado de enfermeiras veio atrás, rindo entre elas e provocando: "Quero ver você dizer isso pra mim de novo". "É, vou dizer de novo." Uma enfermeira pôs seu cartão num leitor para nos deixar sair da enfermaria – as portas duplas se abriram devagar – e descemos de elevador aos pares, o que requeria outro cartão magnético, até a cafeteria. O lugar era uma versão menor das cafeterias escolares que conheci a vida inteira, com uma fila para o bufê e algumas mesinhas circulares. Os outros pacientes murmuravam e se acotovelavam, agitados naquele espaço estranho.

Não nos servíamos sozinhos. Em vez disso, dizíamos aos funcionários o que queríamos. Pedi ovos e algumas batatas, e percebi na mesma hora que a colherada amarela despejada no meu prato era de comida ultraprocessada. Meu estômago oscilou com aquela visão, mas estava com fome, mal tinha comido durante semanas.

Onde me sentar? Intuía quais pacientes evitar e quais iam me deixar ficar ali, mas também vi alguns se sentando com as enfermeiras, que me atraíam com sua normalidade. Arrisquei e me sentei a uma mesa vazia, onde me concentrei na comida na minha frente. Primeiro usei meu garfolher para provar os ovos, que estavam praticamente sem gosto e não tinham os atributos quase sulfurosos que fazem com que sejam nojentos para os que odeiam ovos – mas a insipidez era um desafio em si. Quase me engasguei com o primeiro bocado antes de abandonar o restante. As batatas estavam mornas e deixaram minha língua escorregadia de gordura. Comi todas. Terminei meu recipiente de plástico de suco de maçã e olhei em volta: a porta e as janelas de vidro revelavam o céu azul brilhante que não podíamos alcançar; as enfermeiras comiam e conversavam como se pudéssemos estar em qualquer lugar.

Um "asilo" é um "lugar de refúgio ou segurança" (*The Oxford English Dictionary*), ainda que a palavra antiquada, quando aplicada a hospitais psiquiátricos, seja agora usada para evocar medo. No livro *Haunted Asylums: Stories of the Damned; Inside the Haunted Prisons, Wards, and Crazy Houses* [Asilos mal-assombrados: histórias de condenados; por dentro das prisões, enfermarias e manicômios mal-assombrados], o entusiasta da paranormalidade Roger P. Mills alega que hospitais psiquiátricos "estão entre os lugares mais mal-assombrados do planeta". A segunda temporada da série de terror da FX *American Horror Story*, chamada "Asilo", situa um amálgama de assassinos, um nazista disfarçado, estupro e experimentos científicos grotescos dentro das paredes de seu sanatório fictício, Briarcliff Manor. O Asilo Elizabeth Arkham para Criminosos Insanos confina, ao menos temporariamente, os piores vilões das histórias de *Batman*. A palavra "asilo" provoca associações culturais, à la *Um estranho no ninho*, com o tratamento assustador e brutal dado a pacientes psiquiátricos. Ainda assim, suspeito que o que é realmente aterrorizante na palavra tem mais a ver com a ineficácia do tratamento psiquiátrico daquela época, que pouco fazia para controlar os comportamentos mais perturbadores dos pacientes, incluindo os inexplicáveis, perigosos e violentos.

"[Os pacientes] estavam sendo levados a uma prisão, sem que tivessem feito nada e provavelmente pelo resto da vida. Como teria sido mais fácil, em comparação, andar até o cadafalso do que até essa tumba de humanos vivos!", escreve a jornalista investigativa Nelly Bly em seu livro-denúncia de 1887, *Dez dias num hospício*, que dá aos leitores um vislumbre revelador de um "asilo de lunáticos" em Nova York. Bly teve acesso ao hospital fingindo ela mesma ser louca.

Bly conta que, depois de ser admitida, pediu seu caderno e lápis. A enfermeira de plantão, a srta. Grady, lhe diz que ela havia trazido apenas um caderno e nenhum lápis. "Era uma provocação", Bly diz, "e insisti que havia trazido, ao que fui aconselhada a lutar contra as fantasias do meu cérebro".

Em outra parte de *Dez dias*, ela diz: "Sempre fiz questão de dizer aos médicos que era sã e pedir que me dessem alta, mas, quanto mais me esforçava para lhes afirmar minha sanidade, mais eles duvidavam".

Durante a minha segunda hospitalização, que ocorreu no mesmo local da primeira, passei por uma enfermeira.

"Como você está?", ela perguntou.

"Bem", eu disse, o que era verdade. Minha mania e a depressão subsequente pareciam ter sido exorcizadas pela overdose que havia tomado logo antes de ser hospitalizada, e, com exceção da frustração por estar de volta à ala ws2 da enfermaria, a vida já não parecia uma sentença intolerável.

A enfermeira sorriu. "Mas como você *realmente* está?"

"*Realmente* estou bem."

As observações que consegui no Instituto de Psiquiatria de Yale mencionam, entre outras coisas, que "A paciente não tem insight".

Como a minha anedota e a de Bly indicam, a característica principal da experiência de estar em um hospital psiquiátrico é que não vão acreditar em você para nada. Um corolário dessa característica: vão acreditar em coisas a seu respeito que não são nem de longe verdade.

Minha terceira hospitalização ocorreu na zona rural de Louisiana. Disse ao médico que era escritora e que estudara psicologia em Yale e Stanford, o que era tão verossímil quanto dizer que era astronauta, que tinha uma irmã gêmea idêntica e que era filha de um embaixador russo. Depois derrotei os outros pacientes em um jogo de palavras obrigatório na terapia de grupo, impedindo que qualquer um dos outros marcasse ponto; fazer isso era infantil, mas estava cansada de ser tratada feito estúpida. Não sei o que meu comportamento nessa sessão refletia sobre mim da perspectiva dos médicos e enfermeiras. Pode ter indicado que sou inteligente, ou pelo menos lida, duas características que têm um valor duvidoso em um hospital psiquiátrico. Muito provavelmente indicou que consigo ser uma cuzona cabeça-dura.

O médico me contou, em um de nossos raros encontros, que eu disse, na triagem na emergência, que acreditava em "uma conspiração de pessoas" que estavam determinadas a me fazer mal.

"Eu não disse isso", eu disse. "Disse que estava me sentindo *insegura*." Mas "me sentindo insegura" – ou seja, apavorada com tudo e nada em particular – era uma frase infeliz para usar durante a triagem. "Insegura" é um código, na psiquiatria, para "suicida", o que eu não era, embora fosse várias outras coisas. Não tinha dito nada a respeito de uma conspiração. "Insegura" pode ter provocado a crença do hospital – o próprio delírio do hospital – de que eu me sentia insegura devido a uma crença paranoica: uma conspiração de pessoas que querem me fazer mal.

Pelo restante da minha internação, o hospital sustentou que eu tinha dado entrada me sentindo "insegura", com delírios de perseguição. Como "insegura" ecoava "suicida", fui considerada um perigo para mim mesma. Ainda que tivesse ido voluntariamente à emergência em busca de ajuda, "insegura" significava que era considerada "hospitalizada involuntariamente", o que também significava que estava trancada em um hospital na zona rural de Louisiana, na costa norte do lago Pontchartrain, até que o médico me autorizasse a ir embora. Não sabia quanto tempo ia levar.

As coisas tinham dado errado antes daquela internação, durante o tempo que passei sozinha no quarto do hotel Metairie.

Tivera problemas com quartos de hotéis naquele ano. Uma vez C. me levou ao Reno com ele para uma viagem a trabalho, e me deixou no quarto enquanto participava de uma conferência. Na ausência dele, um medo feroz tomou conta de mim. Cobri os espelhos com toalhas; quando isso não foi o suficiente para me tranquilizar, me escondi no pequeno closet. C. voltou. Viu as toalhas nos espelhos e começou a chamar meu nome. Por fim, tentou abrir a porta do closet, onde ainda estava escondida, e dei um gritinho.

"Não abre a porta", choraminguei.

Contar essa anedota sem fornecer um vislumbre do meu funcionamento interno faz com que pareça o protótipo de uma historinha de maluca, e não questiono que estava insana no Reno. Tinha, porém, insight da minha própria situação. Levara meu notebook para o closet comigo, e estava trocando mensagens coerentes com uma amiga para contar como fui parar lá. Cobri os espelhos porque a visão do meu próprio rosto me aterrorizava. Nenhuma narrativa acompanhava o medo – nenhuma alucinação com carne dilacerada e apodrecida, nenhum delírio que envolvesse minha alma roubada pelo reflexo. Assim como em Louisiana meses depois, fui dominada por uma sensação de terror difusa que se espalhou feito sangue e coagulou em volta de alvos vulneráveis, como meu rosto, os padrões no carpete e na colcha, a vista do Reno seco e empoeirado da nossa janela. A única solução convincente era me encolher em um lugar escuro e pequeno: o closet. Digitando no notebook, tentei explicar à minha amiga o que estava acontecendo. Talvez estivesse tentando apresentar provas do meu lado da história, ou tentando compreender uma situação que era confusa até para mim, usando ferramentas que considerava aceitáveis. A janelinha do chat não era assustadora da mesma maneira que uma interação cara a cara seria.

C. acabou de voltar, digitei. *Estou com medo.*

Por fim, eu saí. Estava mais calma, mas fragilizada. A menor pressão ia me triturar. Não tínhamos o menor indicativo de quais eram essas pressões.

Quando retornamos a São Francisco, voltei ao trabalho. Das 10h às 18h, de segunda a sexta-feira, frequentei reuniões diárias e apresentei projetos e me sentei diante do meu computador e tomei escondida uns goles de uma bebidinha na despensa do escritório. Fiz meu trabalho. Não disse nada a respeito do filme de terror que ainda cravava os dentes dentro de mim. Às vezes via coisas disparando aqui e ali, mas as ignorava. Eu me considerava sortuda por ter alucinações que conseguia ignorar.

Meus sintomas psicóticos mal e mal estavam sob controle, mas C. e eu tínhamos uma viagem programada para a casa dos pais dele em New Orleans. Cogitamos cancelar e ficar em São Francisco. Nós nos perguntamos se, em vez de gerar mais estresse, ter a família em volta durante as festas de final de ano não seria de fato o melhor para ambos. No fim das contas, C. fora meu principal cuidador durante aquela longa crise, e eu suspeitava que repartir a responsabilidade com um grupo estável, sobretudo com um grupo amoroso, ia aliviar a tensão.

Então tomamos um avião rumo ao sul, observando o pântano verde-oliva crescer pela janela do avião, e ficamos num motel perto da casa de subúrbio dos pais dele. Caímos aliviados nos braços da nossa família acolhedora.

Numa daquelas noites, quando o ar estava úmido e gelado, C. saiu para assistir a um jogo de futebol no Superdome com o pai, e fiquei mais uma vez sozinha em um quarto estranho. Eu o tinha encorajado a ir – estava feliz que tivesse a oportunidade de fazer algo divertido sem mim. Mas a ausência dele soltou alguma coisa que precisava ser afixada, e o terror ficou feliz em se instalar. Comecei a juntar toalhas. A coerência da realidade ameaçou me abandonar. Logo minha mente virou um buraco negro, e aquela estrela morta insistia em arrebatar todo fiapo e fragmento de sentido; despedaçava as bordas do mundo. Depois de me debater com a decisão de entrar em contato, telefonei para a minha sogra. Disse a ela, tão calmamente quanto podia, que achava que devia ir para um hospital.

"Tudo bem", ela disse. Enfermeira de hospital aposentada, a sra. Gail tem uma postura tranquilizadora em tempos de crise. "Vamos cuidar de você."

Embora a maior parte das afirmações de um paciente psiquiátrico não receba crédito, declarações de insanidade são exceção à regra. "Quero me matar" é no geral algo válido, e um terapeuta que ouve essas palavras tem obrigação legal de comunicá-las para evitar que o paciente se machuque. Em um estudo que levantou a hipótese de que pessoas sãs poderiam facilmente ser hospitalizadas sob determinadas condições, o pesquisador David Rosenhan e seus colaboradores alegaram ter alucinações auditivas, e como resultado foram mantidos em diferentes unidades psiquiátricas por uma média de dezenove dias – isso apesar de serem neurotípicos e não apresentarem nenhum sintoma durante a internação. Todos os pseudopacientes, com exceção de um, foram liberados com diagnósticos de esquizofrenia, e foram liberados apenas com a condição de concordarem em tomar os antipsicóticos prescritos. Se não fosse pela credibilidade de Rosenhan como cientista e da publicação subsequente de seu artigo "On Being Sane in Insane Places" [Sobre ser são em lugares insanos], de 1973, esses diagnósticos poderiam ter perseguido Rosenhan e seus compatriotas vida afora. Ao contrário de mim, Rosenhan no fim das contas provou aos médicos que enganara que era, de verdade verdadeira, um pesquisador de Stanford.

No hospital em Louisiana, parei em uma fila lenta na cafeteria. Enquanto esperava para chegar até os funcionários que iam fornecer as provisões matinais quentes e gordurosas, me dei conta de que Mara, minha colega de quarto, parada na minha frente, estava usando meu casaco – uma peça de tweed bem-feita e amada que eu tinha fazia anos.

Perguntei: "Você está usando meu casaco?".

Ela não respondeu logo. Havia notado que Mara tinha a disposição mais vagarosa de alguém que estava ou encerrada em uma depressão severa ou fritada por psicotrópicos. Ela virou a cabeça, sem fazer contato visual, e começou a tirar meu casaco em câmera lenta.

"Tá tudo bem", eu a tranquilizei. "Pode ficar com ele durante o café da manhã, mas queria ele de volta quando subirmos."

Apesar disso, ela terminou de tirar meu casaco e o entregou para mim sem dizer uma palavra.

Na manhã seguinte, acordei e me deparei com algo inesperado: uma enfermeira no nosso quarto, agachada ao pé da cama da minha colega de quarto. Ela disse, gentil: "Vejo que você tem três travesseiros aí. Você tem um travesseiro extra, Mara?".

Eu me sentei, me virei e vi um único travesseiro na minha cama. Mara tinha pegado um dos meus travesseiros enquanto eu dormia.

Eu disse: "Dei pela falta de um dos meus".

Quando a enfermeira me trouxe o travesseiro que Mara havia afanado durante a noite, mencionei também o incidente com meu casaco. Não estava tentando causar problemas para Mara – os furtos eram tão bizarros, e Mara era tão desprovida de malícia que parecia impossível que fosse punida por eles –, mas queria que alguém em uma posição de autoridade soubesse que estavam ocorrendo.

A enfermeira respondeu, a voz baixa: "Mara não teve intenção de fazer isso. Ela não consegue evitar. Mas eu recomendaria que você mantenha qualquer coisa de valor ou importante no balcão dos enfermeiros".

Havia uma coisa importante que eu teria ficado arrasada se alguém pegasse: meu caderno verde com capa texturizada tipo couro de crocodilo. Conseguira mantê-lo comigo todas as vezes porque era perfeitamente encadernado, sem nenhuma espiral que pudesse usar para me machucar ou machucar os outros. Era tão apegada a meu caderno que um dos outros pacientes estava convencido de que eu era uma jornalista infiltrada, e me deu o apelido de Lois Lane; Lois Lane, e não Nellie Bly, cujo livro-denúncia sobre o asilo aumentou em 850 mil dólares o orçamento do Departamento de Instituições Públicas de Caridade e Correção da Cidade de Nova York. Nunca soube o diagnóstico do jovem que me chamava de Lois, e ele dizia não ter a mínima ideia da razão pela qual estava no hospital. Eu não sabia dizer se havia algo de errado com ele.

Em *Dez dias*, Bly escreve: "O asilo de lunáticos de Blackwell's Island é uma ratoeira humana. É fácil entrar, mas, uma vez ali, é impossível sair".

Tanto David Rosenhan quanto Nellie Bly sabiam, durante sua institucionalização, que nunca seriam apanhados nas ratoeiras por mais tempo do que conseguiriam suportar. Tendo sido hospitalizados por meio de uma artimanha, só teriam de revelar essas artimanhas para escapar. Duvido que tenham chegado a sentir o terror absoluto que tem a ver com não saber quando, ou se, você vai sair daquele lugar.

Sair de um hospital psiquiátrico é conhecido como "ter alta", que é uma expressão sagrada. Circulam rumores entre os pacientes a respeito de quem vai ter alta em breve e quando; as sessões matinais de terapia em grupo destacam e parabenizam qualquer um que vá ter alta naquele dia; as raras visitas dos psiquiatras, ou, em alguns casos, de um único psiquiatra para a unidade inteira, giram em torno da possível alta do paciente. Embora a alta possa não estar em discussão durante vários dias, a questão de quando ela acontecerá fica pairando sobre tudo desde o instante em que o paciente dá entrada.

A obsessão com a alta é mais visível entre os que foram involuntariamente hospitalizados, como eu tinha sido, porque os que deram entrada por conta própria podiam ir embora a qualquer momento. Observei pessoas que não pareciam nem mais nem menos sãs do que eu decidirem que talvez já estivessem fartas de ser vigiadas e de escutar o que deviam fazer e pensar, onde e quando dormir, ou que simplesmente estavam se sentindo melhor, e essas pessoas vão embora com tanta facilidade quanto se deixassem um hotel, enquanto o restante de nós continua a contar as horas intermináveis, os dias intermináveis.

No inverno de 2003, como tecnicamente havia tomado uma overdose de anticonvulsivos – ainda que uma overdose tão insignificante que não houve necessidade de carvão ativado ou de uma lavagem estomacal –, fui imobilizada enquanto aguardava na emergência por uma ambulância. As contenções eram de couro, e mantinham um punho e um tornozelo algemados ao leito enquanto ficava deitada e ouvia os chamados das pessoas com dor e a resposta das pessoas agitadas que tentavam ajudá-las.

A certa altura durante as horas de espera, fiquei entediada e tentei tirar a mão da algema. Funcionou porque tenho mãos com ossos pequenos e pulsos delicados e fortes – mãos de pianista. Quando um enfermeiro se deu conta de que eu tinha transformado a contenção dupla em contenção única, prendeu minha mão com firmeza de volta na algema. Antes de ir embora, ameaçou colocar contenções nos meus quatro membros se não me comportasse.

Para a esquizofrenia, a segunda geração de antipsicóticos é considerada a linha de frente de ataque (ou defesa, dependendo da perspectiva) e inclui Abilify, Saphris, Rexulti, Vraylar[28], Clorazil, Fanapt[29], Latuda, Zyprexa, Invega, Seroquel, Risperdal e Geodon. Menos desejáveis são os antipsicóticos de primeira geração – clorpromazina, flufenazina, haloperidol e perfenazina –, que têm má fama devido aos efeitos colaterais neurológicos. Mais especificamente, a primeira geração de antipsicóticos pode causar tremores involuntários do rosto e dos membros, conhecidos como discinesia tardia (DT); uma vez ativa, a DT pode continuar a ser um efeito colateral mesmo que você pare de tomar a medicação que a provocava.

A pessoa hospitalizada com esquizofrenia invariavelmente recebe algum antipsicótico de segunda geração. O Zyprexa, por exemplo, é conhecido por colocar um freio na atividade maníaca. A hospitalização no geral é reservada para períodos de crises psiquiátricas, de modo que o Zyprexa, ou um medicamento do mesmo tipo, pode interromper os comportamentos mais violentos.

Mas a medicação é apenas uma parte do plano ideal de tratamento. De acordo com o *Guia prático para o tratamento de pacientes com esquizofrenia*, segunda edição, publicado

28   Cariprazina. [N.T.]
29   Iloperidona. [N.T.]

pela Associação Americana de Psiquiatria, esse plano tem três componentes principais: "1) minimizar ou eliminar os sintomas; 2) maximizar a qualidade de vida e o funcionamento adaptativo; e 3) promover e manter a recuperação dos efeitos debilitantes da doença pelo máximo de tempo possível". Tudo isso deveria ser feito depressa; de acordo com um estudo de 2012, a média de permanência em um hospital psiquiátrico é de dez dias – o período exato de tempo que fiquei institucionalizada em cada uma das minhas três visitas ao hospital. O hospital psiquiátrico contemporâneo tem o objetivo de estabilizar os pacientes e então prepará-los para a recuperação no mundo exterior.

Os manicômios estaduais – os assim chamados asilos, sobre os quais Nelly Bly escreveu em seu livro histórico – foram durante um bom tempo vistos como lugares terríveis e assustadores que, contudo, eram essenciais para uma sociedade em que havia doentes mentais e pessoas com deficiência. Apesar disso, a publicação, em 1946, de "Bedlam 1946: Most U.S. Mental Hospitals Are a Shame and a Disgrace" [Bedlam, 1946: a maioria dos manicômios dos Estados Unidos é uma vergonha e uma ignomínia], o artigo-denúncia de Albert Q. Maisel na revista *Life*, despertou os americanos, como nada havia despertado antes, para a natureza horripilante desses asilos, anunciando, de um fôlego, que "uma sucessão de estados permitiu que suas instituições voltadas para o cuidado e a cura dos mentalmente doentes degenerassem até virarem pouco mais que campos de concentração padrão Belsen". Defensores como o dr. Robert H. Felix, que se tornou o primeiro diretor do Instituto Nacional de Saúde Mental na década de 1950, seguiram o exemplo; Felix acreditava que manicômios estaduais podiam e deviam ser substituídos por centros de saúde comunitários financiados pelo governo federal, que não só eram vistos como mais humanos como também pavimentaram o caminho para o modelo de recuperação do tratamento de saúde mental.

A decisão de acabar com os manicômios estaduais ainda é controversa, e alguns a culpam por tudo, desde a falta de moradia até o assassinato. No livro *American Psychosis: How the Federal Government Destroyed the Mental Illness Treatment System* [Psicose americana: como o governo federal destruiu o sistema de tratamento de doenças mentais], E. Fuller Torrey vocifera contra o fechamento nacional dos manicômios estaduais que ocorreu no governo do presidente John F. Kennedy:

> Infelizmente, a legislação dos centros de saúde mental que foi aprovada pelo Congresso trazia erros fatais. Encorajava o fechamento de manicômios estaduais sem nenhum plano realista voltado para o que aconteceria aos pacientes que tivessem alta, sobretudo aqueles que se recusam a tomar a medicação de que necessitam para ficar bem. Não incluía nenhum plano para o futuro financiamento dos centros [comunitários] de saúde mental. Alocava os recursos na prevenção quando ninguém entendia o suficiente de doenças mentais para saber como preveni-las. E, ao contornar os estados, garantiu que os serviços futuros não seriam coordenados.

Torrey, um psiquiatra que ajudou a fundar o Centro de Defesa do Tratamento, é um defensor fervoroso do tratamento involuntário, o que inclui a hospitalização. Criticou publicamente o movimento de recuperação por dar falsas esperanças aos gravemente doentes; por sua vez, os movimentos de recuperação e os liderados por sobreviventes criticam Torrey por sua ênfase em drogá-los e trancafiá-los.

Há fortes razões por trás da existência das leis de hospitalização involuntária – a primeira delas é que há circunstâncias em que as pessoas com doenças mentais graves se tornam incapazes de fazer boas escolhas para si mesmas. A Aliança Nacional contra a Doença Mental (NAMI) declara em sua plataforma política que, "com acompanhamento profissional adequado, toda pessoa com uma doença mental grave que tem capacidade e competência para tanto deveria ter direito de controlar o próprio tratamento", mas que, "quando um indivíduo não tem capacidade e competência devido à doença mental grave [...] o julgamento substituto dos demais [...] pode ser justificado na determinação do tratamento e de uma possível hospitalização". Quanto à internação involuntária, a NAMI faz questão de mencionar que as pessoas "com doenças mentais graves como esquizofrenia e transtorno bipolar" podem "às vezes, devido à doença, não ter insight ou bom senso em relação à necessidade de tratamento medicamentoso". Como uma mulher com transtorno esquizoafetivo, o transtorno psiquiátrico que é a combinação dos dois, penso que tenho uma missão. A internação involuntária pode eventualmente ser justificada, mas nunca me pareceu útil.

A Seção 5150 do Código de Instituições e Bem-Estar da Califórnia declara que "uma pessoa, como resultado de um transtorno mental [que seja] um perigo para os outros, para si mesma, ou gravemente incapaz", pode ser levada "sob custódia por um período de até 72 horas para análise, avaliação e intervenção, ou envio para avaliação e tratamento em uma unidade designada pelo condado para avaliação e tratamento e aprovada pela Secretaria Estadual de Serviços de Saúde". Embora todos os estados tenham alguma forma dessa lei, "5150" passou ao vocabulário cultural como termo genérico para hospitalização psiquiátrica involuntária. Um amigo meu, veterano do sistema de saúde mental, uma vez me confessou que o código de identificação do seu cartão de crédito era 5150. Rimos, desconfortáveis.

De acordo com a seção (g)(1) da Seção 5150, uma pessoa levada sob custódia por causa da lei tem de receber as seguintes informações, seja por escrito ou oralmente:

Meu nome é ——.

Sou [agente da lei/profissional de saúde mental] do(a) [nome do órgão].

Você não está sendo detido(a) criminalmente, mas estou levando você para ser examinado(a) por profissionais de saúde mental no(a) [nome da unidade].

A equipe de saúde mental lerá seus direitos.

Se a pessoa está sendo levada sob custódia em casa, o seguinte também deverá ser dito:

Você pode levar alguns itens pessoais, que terei de aprovar. Por favor me informe se precisar de ajuda para desligar qualquer eletrodoméstico ou a água. Você pode fazer uma ligação e deixar um bilhete para avisar a seus amigos ou familiares para onde foi levado(a).

Embora tenha vivido na Califórnia a maior parte da vida, nunca utilizaram o 5150 comigo. Acho que esse parágrafo final ecoa a formulação das narrativas de sequestro – "deixe um bilhete para avisar a seus amigos ou familiares para onde foi levado(a)". Como é que são esses bilhetes escritos sob pressão? Quanto tempo uma pessoa tem para compor essa mensagem?

Certa vez entrevistei uma jovem, a quem chamarei de Kate, para falar da experiência dela com o 5150. Kate me conta que utilizaram o 5150 com ela em 2012, depois de ter confessado ideações suicidas para uma funcionária de um escritório da assistência social em Oakland, Califórnia. Estava prestes a ser despejada e, confessa, não estava lidando bem com aquilo. A assistente social sugeriu que Kate conversasse com um terapeuta de plantão; Kate concordou, aliviada por receber ajuda. No entanto, assim que ficou claro que o terapeuta não estava de plantão, a assistente social utilizou o 5150 com ela. Kate não se lembra de ouvir nada parecido com o texto da Seção 5150 (g)(1), mas também se recorda de que ninguém, incluindo a polícia, disse muita coisa até ela chegar ao hospital.

"Não sei como alguém melhora [naquele lugar]", ela diz. "Eles me colocaram num salão de triagem insano. Quase todas as pessoas pareciam sem-teto que precisavam de alguns dias longe das ruas para recuperar o sono e fazer umas refeições decentes. Algumas pessoas eram do tipo incoerente ou que berrava. Alguns pareciam conhecer o lugar. Não havia nenhum tratamento. Só fiquei ali sentada com as enfermeiras e implorei para me deixarem ir embora." Sua experiência influenciou a maneira como responde a outras pessoas em crises psiquiátricas. "Agora", ela diz, "faço tudo o que posso para impedir que as pessoas sejam carregadas involuntariamente e as levo eu mesma até a emergência de carro. [...] Sou uma ninguém e sei como acalmar alguém por tempo suficiente para a pessoa consentir [com a hospitalização voluntária]".

Embora a experiência do 5150 não seja a mesma da prisão ("Você não está sendo detido(a) criminalmente"), há paralelos inevitáveis entre a hospitalização involuntária e o encarceramento. Nas duas circunstâncias, a capacidade de uma pessoa confinada de controlar a própria vida e o próprio corpo é dramaticamente reduzida; ela está à mercê daqueles que estão no controle; deve se comportar de maneiras prescritas para adquirir privilégios e enfim, quem sabe, receber alta. E então há a ampla gama de pessoas para quem a doença mental e a detenção se sobrepõem: segundo o Departamento de Justiça dos Estados Unidos, "quase 1,3 milhão de pessoas com doenças mentais estão encarceradas em cadeias e prisões estaduais e federais".

Para aqueles de nós que vivem com doenças mentais graves, o mundo é repleto de celas nas quais podemos ser trancafiados.

Tenho a esperança de ficar do lado de fora dessas celas pelo resto da vida, embora me permita a escolha de dar entrada em uma unidade psiquiátrica caso o suicídio pareça a única alternativa. Continuo achando, anos depois, que nenhuma das minhas três hospitalizações involuntárias me ajudou. Acredito que ser mantida em uma unidade psiquiátrica contra a minha vontade continua a figurar entre meus traumas mais assustadores.

Não sou mais amiga do homem que me disse que seu código de identificação era 5150, mas quando éramos próximos passei incontáveis horas tentando convencê-lo a não se matar. Nas noites sombrias em que parecia particularmente provável que fosse pôr um fim à própria vida, tentava persuadi-lo a dar entrada em um hospital voluntariamente; se estivesse em um hospital, eu pensava, saberia que alguém ia ficar de olho nele. Certa vez, durante um período particularmente ruim, eu lhe disse que ia chamar a polícia. Ele riu e disse que preferia que os policiais atirassem nele a ter de voltar para outra clínica psiquiátrica. Estava cansado de hospitais, e estava cansado de viver, mas nunca tive de lhe perguntar por que era tão resistente à ideia da hospitalização. Acho que nós dois sabíamos que também eu temia estar em uma unidade de novo.

O Slender Man, o Nada e eu

Em uma sala de interrogatório, Morgan Geyser, loira, de óculos, diz casualmente, a respeito de Payton "Bella" Leutner: "Ela é que foi esfaqueada. Ela morreu? Só estou curiosa". As palavras estão gravadas em *Cuidado com o Slenderman*, um documentário da HBO sobre o mito do "Slender Man" e seu papel no esfaqueamento cometido por duas meninas de 12 anos contra uma terceira. O Slender Man, de acordo com a lenda, sequestra e ataca crianças, e supostamente existe há séculos. "Vire uma fera" foi a instrução que Anissa Weier supostamente deu a Morgan, sua cúmplice, que esfaqueou Payton dezenove vezes num bosque. Quando o homem que a encontrou rastejando para fora do bosque lhe perguntou "Quem fez isso com você?", Payton Leutner respondeu: "Minha melhor amiga".

Comecei a ficar com medo de verdade quando a câmera se desloca para o pai de Morgan, Matt, um homem com esquizofrenia que tinha, naquele momento, descoberto fazia pouco tempo que a filha fora diagnosticada com o mesmo transtorno. Matt está abalado e lacrimejando ao dizer: "Queria poder falar com ela de [...] Sempre quis saber, tipo, se ela vê essas coisas também". Ele diz: "Sei que o diabo não está no banco de trás, mas o diabo está no banco de trás".

No caso do Slender Man, o "diabo no banco de trás" se originou no Creepypasta Wiki, uma série de documentos e fóruns on-line repletos de histórias sombrias e fantásticas narradas com total convicção. As wikis são feitas para crescer; absolutamente qualquer um pode contribuir com uma wiki, algo crucial a ter em mente quando se consideram as atribuições das lendas urbanas disfarçadas de histórias de terror. De acordo com a wiki, o Slender Man, que não tem rosto, usa um terno e tem braços e pernas compridos e delgados [slender]. Tentáculos se projetam de suas costas. Ele usa um chapéu, ainda que o tipo de chapéu varie conforme a fonte. Ele sequestra sobretudo crianças, e as ataca quando capturadas. A wiki inclui referências históricas que vão de pinturas em cavernas brasileiras a hieróglifos egípcios e xilogravuras alemãs. O Slender Man, de acordo com a wiki, está ligado a lendas mundo afora (mitos escoceses, holandeses e alemães são mencionados). Em um documento bem conhecido envolvendo o Slender Man, uma menina taciturna aparece no primeiro plano de uma fotografia em preto e branco em meio a um grupo de crianças que parecem campistas. A imagem é de baixa resolução, como uma fotografia de um anuário da década de 1980. Uma figura branca, alta e magra aparece em segundo plano – poderia ser uma escultura, mas é, claro, o Slender Man. A legenda diz: "1986; fotógrafa Mary Thomas, desaparecida em 1986".

Um usuário diz nos fóruns: "Esse é provavelmente um dos mais clássicos de creppypasta [sic]. Infelismente [sic] viro [sic] tão clichet [sic] que ta [sic] ficando velho, tipo o *Jeff the killer*. Porém ainda eh [sic] um clássico". Em resposta, outro usuário diz: "alguém se lembra daquela notícia de que uma menininha matou a(s) amiga(s) pra 'aplacar' o slenderman?? Aahhh". Um terceiro usuário entra na conversa: "Lembro disso. Saudade dos bons e velhos tempos". O folclorista Trevor J. Blank diz, em *Cuidado com o Slenderman*: "Muitas vezes, no mundo adulto, esquecemos o quanto é chato ser criança".

Lutando para encontrar uma explicação para a tentativa de homicídio de Payton, os investigadores se voltaram para outros casos de violência juvenil: Anissa e Morgan sofriam bullying, como no caso dos atiradores de Columbine? O bullying não parecia uma questão relevante. As meninas tinham uma à outra, e tinham Payton – de fato, o esfaqueamento ocorreu no dia seguinte a uma festa do pijama para comemorar o aniversário de Morgan. Defendo que ser criança "é chato" mesmo sem os espectros do bullying ou da agressão; você não tem controle da própria vida; muitas vezes é impossível decifrar as ações dos adultos. A internet é a única maneira de ter acesso a algum tipo de liberdade. Por causa do emprego do meu pai em engenharia da computação, eu usava a World Wide Web antes que estivesse disponível para o público, e aprendi a "fazer amigos" nos painéis do Prodigy quando nenhum dos meus colegas conhecia essas coisas – o drama, o flerte, as ligações caras de longa distância com "as pessoas da internet" –, e o papel da internet na vida de Anissa me parece particularmente fascinante. O histórico do navegador no iPad de Anissa revelou um turbilhão de buscas, incluindo "Teste de Sanidade", "Teste de Psicopatia" e "Teste de Sociopatia". Ela procurava meios de explorar o mundo e seu lugar nele. Outro vídeo a que assistiu incluía uma cobra comendo um rato. A mãe dela diz: "Ela gostava de passar um bom tempo sozinha no quarto [...] Eu me arrependo totalmente do iPad". E, é claro, foi na internet que Anissa ouviu falar do Slender Man.

Vários documentos on-line asseguram a existência do Slender Man. Um deles é um suposto relatório policial de 1993, com "sangue" salpicado no documento. Uma letra infantil escreveu acima do texto datilografado: "O SLENDER

MAN NOS MATOU JÁ NOS MATOU MATOU MATOU MATOU". Outro é um recorte de jornal mal editado no Photoshop com a manchete "Menino da cidade desaparece". "Funcionários da escola afirmam que, nas semanas anteriores ao desaparecimento, ele estava irritadiço na escola e em casa, depois de ter reclamado de um homem alto e muito magro todo vestido de preto. Neste momento a polícia não quis fazer comentários." No pé da página estão as palavras: "**Alerta**Alerta**Pedido de implementação**Unidade de busca-S implementar —— Wichita —— Kansas". Esses "documentos principais", por mais mal-ajambrados que sejam, são apresentados como artefatos genuínos e corretos; são PDFS e imagens criados por pessoas entusiasmadas por dar vida à história do Slender Man, e, quanto maior o realismo, melhor.

"Falei [para Morgan] dele [do Slender Man]", Anissa testemunhou.

"Anissa me disse que a gente tinha que fazer isso", Morgan disse. "[Anissa] disse que ele ia matar nossa família."

Pode ter sido Anissa quem descobriu o Slender Man, mas há páginas e páginas de desenhos perturbadores dele feitos por Morgan. Ela afirma ter visto o Slender Man quando tinha 5 anos, bem antes de ter visto qualquer artefato de internet envolvendo o monstro. Mas a audiência desses artefatos é composta de pessoas – ou crianças – como Anissa Weier e Morgan Geyser, cuja dupla obsessão pelo Slender Man levou a uma conspiração para assassinar sua amiga em comum, Payton Leutner. As três meninas iriam ao Skateland para comemorar o aniversário de Morgan, depois do que haveria uma festa do pijama no porão de Morgan. O plano original era matar Payton e escondê-la debaixo das cobertas. O assassinato transformaria Anissa e Morgan em "representantes" do Slender Man, e elas viveriam na mansão do Slender Man com ele para sempre.

Payton Leutner não morreu depois do esfaqueamento, embora as pessoas pareçam acreditar que ela foi morta – quando mencionei que estava escrevendo este ensaio, amigos e conhecidos se lembravam de um assassinato, embora o que de fato aconteceu tenha sido o seguinte: No dia 31 de maio de 2014, em Waukesha, Wisconsin, Anissa Weier e Morgan Geyser, ambas de 12 anos, conspiraram para matar Payton "Bella" Leutner, que naquela altura era considerada a melhor amiga de Morgan. Na manhã seguinte a uma festa de aniversário do pijama, as meninas foram a um parquinho e então a um banheiro público, onde o esfaqueamento não aconteceu. No bosque próximo, Anissa por fim disse a Morgan para matar Payton com uma faca que trouxeram consigo, dizendo: "Vire uma fera". Morgan esfaqueou Payton dezenove vezes. ("Não gosto de gritos", Anissa disse depois.) Um homem que passava por ali achou Payton rastejando para fora do bosque e ligou para a emergência. A polícia por fim encontrou Anissa e Morgan andando pela interestadual.

Para mim, um filme popular de 1984, *A história sem fim*, substituiu a wiki bem elaborada do Slender Man. Estava no segundo ano quando o filme estreou. O filme, uma produção caríssima da Alemanha Ocidental repleta de criaturas fantásticas, acompanha Bastian, um menino que ama ler e é vítima de bullying, e sua absorção num universo alternativo chamado Fantasia, o que se dá por meio de um livro misterioso surrupiado de uma livraria empoeirada. Em Fantasia, a mística Imperatriz Criança caiu doente, e um jovem herói, Atreyu, é enviado em uma missão para encontrar a cura. Nesse meio-tempo, uma força terrível chamada Nada está destruindo o mundo. Se a Imperatriz Criança sobreviver, é o que se acredita, Fantasia sobreviverá também. No final do filme, os mundos de Bastian e Atreyu se interseccionam.

Cabe a Bastian salvar Fantasia dando um novo nome à Imperatriz Criança, o que ele faz gritando por uma janela durante uma tempestade violenta.

Fui eu a líder quando se tratou de trazer Fantasia e o Nada para as nossas vidas, seduzida pela ideia de que talvez fizéssemos parte de uma história maior sem saber direito como. Disse à minha melhor amiga, Jessica, que fazíamos parte de um livro, e que o livro estava sendo escrito enquanto agíamos. Jessica tinha um cabelo crespo difícil de ajeitar e estava sempre pronta para chorar, uma característica que eu achava cansativa.

Persuadimos uma terceira amiga, Katie, a entrar no jogo, que ficou cada vez mais elaborado – se disséssemos a palavra "Nada" ou pisássemos na luz do sol saindo da sombra, ficaríamos hipnotizadas e andaríamos feito zumbis. Nós nos referíamos constantemente ao mundo mais amplo no qual alguém estava lendo um livro sobre nós e sobre o que estávamos fazendo, gesticulando na direção do céu para indicar que éramos apenas ficções na história de outra pessoa. Isso continuou até Katie por fim insistir que estávamos apenas brincando. Não, Jessica e eu insistimos, não estávamos brincando. Era real, tudo aquilo era real. Nós nos agarramos à nossa história até Katie chorar e sair correndo; a essa altura, Jessica e eu tínhamos um entendimento tácito de que o Nada era uma parte importante da nossa vida e que não íamos nos livrar dele por coisa alguma. No dia seguinte, Katie voltou dizendo que tinha falado de nós e do nosso jogo com os pais. Os pais, ela disse, lhe asseguraram que Jessica e eu estávamos de fato só brincando.

Mas isso não nos freou. Jessica e eu continuamos a entrar em transe quando pisávamos na luz. Tomávamos cuidado para não dizer o nome do Nada.

O jogo continuou até ocorrer uma discussão crítica entre mim e Jessica, não muito depois de Katie ter insistido que estávamos mentindo e da consequente saída dela do nosso grupo de amigas. Cuidadosa, furtiva, Jessica me abordou:

"Estamos só brincando, não?", ela perguntou baixinho.

"Não estamos brincando", respondi. "Isso é real."

"Não, sério", ela disse.

Repeti: "*Não estamos brincando*".

Jessica insistiu que lhe dissesse a verdade. A cada negação minha, ela ficava mais e mais histérica enquanto eu permanecia calma. Fiquei olhando-a ir embora aos soluços; permaneci aterrada no mundo da minha imaginação.

A imaginação tem um poder na infância que não existe nos anos seguintes. O quanto não estaria ainda mais presa às ilusões da infância se tivesse – como Anissa e Morgan – tido acesso a dezenas de documentos que testemunhassem a realidade dos meus devaneios? E se pudesse abrir o YouTube e ver outras crianças sendo arrastadas pelo poder do Nada? Teria sido cada vez mais tragada pela narrativa, e ia me agarrar à história até chegar a um desfecho perigoso, se passasse horas lendo centenas de postagens em fóruns a respeito da veracidade dela?

Embora não tenha sido diagnosticada com transtorno esquizoafetivo até bem depois disso, fico intrigada com minha disposição, na segunda série, de abrir mão até mesmo de uma amizade em favor da minha versão da irrealidade. Já havia ali algo vulnerável à fragilidade espreitando lá no fundo da minha mente, ou simplesmente era mais teimosa do que a maioria? Em retrospecto, me pergunto o quanto acreditava de verdade na minha própria ficção. A questão se complica na atração natural das crianças pela linha entre *falso* e *verdadeiro*. Mesmo hoje C. e eu tratamos nossos bichinhos de pelúcia da infância com uma ternura que indica que acreditamos, em algum grau, que eles são sencientes. Ainda assim, se um conhecido adulto nos perguntar se de fato acreditamos que eles são criaturas pensantes, tão Reais quanto os de *Meu mundo encantado*, teríamos de dizer que não. (E depois nos sentir culpados, lá no fundo, por trair nossos companheirinhos de pelúcia.)

Mais cedo ou mais tarde voltei a falar com Jessica, sacrificando minha adesão à nossa versão de Fantasia a fim de restaurar nossa amizade. Fazer isso parece simples, mas não creio que tenha sido tão simples para mim me descolar do mundo que havíamos criado, como se pudesse simplesmente colocá-lo de lado depois de um período de intenso envolvimento. Quando tento lembrar como desisti da ficção, minha mente ofusca a transição; não tenho nenhuma lembrança de dizer a Jessica que não havia nenhum Nada e nenhum lugar chamado Fantasia, como se o trauma de abrir mão de tudo aquilo tivesse estilhaçado a memória.

Demorei semanas até assistir a *Cuidado com o Slenderman* depois que soube que ia escrever este ensaio. Insisti em ver o documentário com C., que serviria como uma âncora para a realidade, e insisti que assistíssemos durante o dia, pelo medo de que meu eu adulto fosse seduzido e atormentado pela ideia do Slender Man. Acabei assistindo ao filme quando fui visitar minha amiga Miriam. Vimos no notebook, reclinadas no sofá-cama dela, enquanto o Brooklyn e Manhattan despontavam do lado de fora das janelas de seu apartamento. Tentei me manter à distância tomando notas em um caderninho verde enquanto acompanhava o desenrolar da terrível história.

De acordo com um psiquiatra que dá seu depoimento no filme, dr. Kenneth Casimir, "a esquizofrenia é uma das doenças mentais mais graves e uma das mais estudadas nos seres humanos". Ele também diz: "Vale dizer que a esquizofrenia, em si mesma e por si só, não é uma doença perigosa. Há muitas pessoas de 35 anos que têm esquizofrenia que não precisam ser presas e com as quais se consegue lidar em comunidade. No entanto, há uma segunda questão. Quando seu delírio – quando o delírio no qual você está vidrado lhe diz para matar pessoas, e quando seu insight não lhe permite buscar tratamento, nesse caso a esquizofrenia passa a ser perigosa". Eu tinha 34 quando Miriam e eu ouvimos isso. Sou alguém com quem "se consegue lidar em comunidade". Não me considero perigosa.

Os julgamentos finais de Anissa Weier e Morgan Geyser ocorreram em setembro e outubro de 2017 na sua cidade natal, Waukesha, em Wisconsin. As duas foram julgadas como adultas, com tentativa de homicídio em primeiro grau no caso de Morgan e tentativa de homicídio em segundo grau no caso de Anissa; ambas alegaram insanidade. Alegar insanidade indica que a pessoa se enquadra em uma de duas categorias: que agiu a partir de "um impulso irrefreável" e não conseguiu se conter; ou que seu transtorno mental a impediu de se dar conta de que o que fazia era errado.

O promotor Kevin Osborne disse a respeito das meninas: "Elas sabiam que isso era errado. Elas entendiam que o que estavam fazendo era errado".

Osborne disse que Anissa pode ter acreditado que o Slender Man era real, mas que tinha capacidade mental de saber que estava cometendo um crime. Anissa Weier foi diagnosticada com "transtorno psicótico induzido", ou esquizotipia, uma forma mais branda da esquizofrenia. Uma característica da esquizotipia é a ideação mágica, que parece garantir um terreno fértil para que se acredite piamente no Slender Man.

Embora tenha sido defendido que Anissa foi a mandante do ataque a Payton, foi Morgan quem foi diagnosticada com esquizofrenia – o diagnóstico de seu pai – alguns meses depois da agressão. "[As facadas] foram necessárias", ela diz em um interrogatório filmado. Ao contrário de Anissa, que chora e envolve o corpo com os braços na sala de interrogatório, Morgan não demonstra nenhuma emoção. Ela não chega a chorar.

Na sexta-feira, 22 de setembro, dez dentre doze jurados concluíram que Anissa, então com 15 anos, não era criminalmente responsável. Ela estava num manicômio estadual e poderia ser liberada em um período de 3 a 25 anos. O *Milwaukee Journal Sentinel* noticiou, no dia 5 de outubro, que Morgan, também com 15 anos, concordou em se declarar culpada em troca de um acordo que reconhecesse sua falta de responsabilidade criminal devido a uma doença mental. Também foi condenada a ser internada pelo Departamento de Serviços de Saúde – no caso dela, por até quarenta anos.

Pode-se dizer, a respeito do meu eu mais jovem, que ele era apenas altamente imaginativo. Vivaz. Já disposto a inventar histórias, o que faria sentido para o futuro eu dela – a romancista, a escritora. As crianças estão dispostas a acreditar nas coisas que fingem ser reais; quantas, por exemplo, sentem um medo genuíno do bicho-papão debaixo da cama, ou do monstro no armário? Quantas realmente veem fantasmas no quarto que juram ser reais?

Se Anissa e Morgan nunca tivessem atacado Payton Leutner, podiam não ter sido diagnosticadas com nenhuma forma de esquizofrenia durante a pré-adolescência. Poderiam ter sido consideradas alegres, vivazes e altamente imaginativas até algum ponto no futuro em que se encaminhassem para uma fratura da realidade que não poderia ser negada. Na ausência da amizade delas e do delírio compartilhado, ou na ausência da Creepypasta Wiki com suas dezenas de imagens, vídeos e outros documentos a respeito do Slender Man, sua tendência mútua à instabilidade poderia ter conduzido ambas em direções menos sombrias. Elas poderiam ter sido diagnosticadas na idade adulta, como eu fui. Poderiam ter aprendido a lidar com as esquizofrenias. Tomara que ainda possam.

Realidade na tela

O *thriller* de ação e ficção científica *Lucy* estreou numa quinta-feira de julho de 2014. Segundo a premissa do filme de Luc Besson, Lucy, interpretada por Scarlett Johansson, recebe inesperadamente a capacidade de usar 100% dos recursos cerebrais, não os 15% com os quais a maioria dos seres humanos opera[30]. Essa habilidade lhe confere superpoderes e em última instância a sabedoria com a qual guiar a humanidade. Antes da estreia, *Lucy* já havia recebido muitos elogios, mas eu disse a meu marido, C., que queria ver o filme mesmo que fosse um fracasso de crítica – fazia meses que vinha fazendo caretas com a boca aberta para ele quando o trailer aparecia, socando o braço dele quando Lucy mandava bandidos para longe com um movimento do pulso, ou quando Lucy caminhava por um aeroporto, o cabelo mudando de loiro para preto. Compramos ingressos para uma sessão na sexta-feira.

Fomos em quatro ver *Lucy* no Metreon de São Francisco naquele dia: C. e eu convidamos nossos amigos Ryan e Eddie,

---

30 Apesar de esse ser um argumento do filme e um mito bastante repetido entre as pessoas, ele não procede cientificamente. O cérebro opera em toda a sua capacidade em pessoas saudáveis. [N.R.T.]

que pediram dispensa do trabalho para ir. Soubera um mês antes que Eddie fora diagnosticado com esquizofrenia havia mais de uma década. Não o conhecia bem – ele aparecia de vez em quando lá em casa para jogar *Dungeons & Dragons*, e o via como o ruivo todo tatuado e superchapado que conhecera no ano anterior num churrasco num terraço. Ele foi a primeira pessoa que conheci cujo diagnóstico também pertencia ao grupo das esquizofrenias. Ainda assim, Eddie e eu nunca conversamos em particular sobre nosso diagnóstico, ou sobre nossa experiência com a psicose, e ele não era exatamente meu amigo, só um conhecido periférico.

Não sei em que momento do filme, *Lucy* virou um problema para mim. Ryan me disse que, durante uma cena inicial em que os sacos cheios de drogas no abdômen de Lucy se rompem e ela começa a vivenciar a transformação violenta de uma garota comum de vinte e poucos anos para uma entidade sobre-humana, ele quase se esticou para perguntar se eu estava bem. Ryan, que considero um irmão, costuma manter os dedos na pulsação do meu estado mental de forma mais atenta do que qualquer pessoa e algumas vezes identificou a mania e a depressão antes de eu me dar conta de que iam se manifestar. Sei que, em algum ponto da metade do filme de noventa minutos, saquei a medicação de emergência, destinada à psicose progressiva, e a engoli com a Coca-Cola sabor cereja do C. Pensei em ir embora, mas queria ver o que ia acontecer com Lucy. Tinha tomado a dose de emergência porque sentia que escorregava e tinha a impressão de que estava sendo arremessada para a realidade do filme, deixando minha própria realidade para trás. Conseguia sentir o cérebro se contraindo com a crença de que também eu adquiria um acesso ampliado ao meu cérebro em relação aos mortais comuns, e que, se tentasse, conseguiria destruir objetos com seu poder. Quando *Lucy* terminou, fiquei de pé e passei aos trancos e às cegas pelos outros três no escuro.

Eddie e eu fomos os primeiros do grupo a emergir no corredor. Disse a ele, tentando manter a voz despreocupada: "Você está numa situação tão ruim quanto a minha agora?".

Ele respondeu: "Bom, sei que estou usando 20% do meu cérebro".

No filme, ter acesso a 20% do cérebro permite a ecolocalização.

Durante um episódio de psicose no inverno anterior, C. e eu tínhamos assistido a *Doctor Who* juntos. Quando o episódio terminou, estava perdida.

"Isso está acontecendo em algum outro lugar?", perguntei. "Isso acabou de acontecer num espaço diferente?"

Ele me explicou o conceito de televisão. O programa contava com atores que também apareciam em outros programas de TV e filmes. Os atores tinham vidas que não tinham relação com o que acontecia nos programas de TV e filmes. Os atores viviam na realidade, que era diferente da irrealidade dos programas de TV e filmes. Os programas de TV e filmes eram roteirizados por seres humanos, que também viviam na realidade e que escreviam histórias que depois viravam programas de TV e filmes. Esses seres humanos eram escritores, como eu. Continuei aflita e confusa até colocarmos *MasterChef*, um reality show de culinária que se parecia mais com o mundo no qual eu devia acreditar.

Mas esse incidente aconteceu quando eu estava mal, durante um episódio de psicose ativa. Sabíamos intuitivamente, por exemplo, que não devíamos assistir a *Jogos vorazes: em chamas*, que passava no cinema naquela altura – e que eu tinha ficado animada para assistir –, porque o mundo de *Jogos vorazes* não era o nosso, e porque a experiência do cinema ia ser imersiva demais para o meu cérebro atrapalhado. Sabíamos que, diante de uma tela enorme, e envoltos num casulo Dolby Surround Sound, provavelmente ficaria agitada. Ia acreditar em *Jogos vorazes*. Ia me preocupar com qualquer que fosse o Distrito em que acreditasse estar; ia me perguntar se tinha a agilidade física e mental para emergir como Vitorioso. Decidimos assistir a *Lucy* acreditando que dava para eu aguentar a força da realidade alternativa do filme.

Nem sempre reconheci a sensação de passar para um estado psicótico, porque nem sempre compreendi o que significa *estar* em um estado psicótico – mas, tendo me achado naquela paisagem esfacelada vez após vez, agora sei os sinais que precedem os episódios psicóticos. Não posso falar pelas pessoas que talvez tomem um caminho diferente, ou que talvez voem em vez de andar, mas a sensação de entrar mentalmente e depressa em um estado fraturado agora é familiar o suficiente para eu descrever o terreno.

Uma coisa é ser capaz de dizer: "Vi sangue pingando das paredes", ou: "O senhorio instalou câmeras no meu apartamento", mas outra é falar da sensação subjetiva de ver e acreditar em coisas que não são reais. Consigo recitar depressa os sintomas do ataque de pânico: falta de ar, extremidades dormentes, batimentos cardíacos acelerados, a sensação de que a morte é iminente etc., mas não existe uma lista correspondente para as sensações da psicose. A lista de sintomas da esquizofrenia, "o transtorno psicótico prototípico", inclui delírios, alucinações e discurso desorganizado entre o Grupo de Sintomas I ("sintomas positivos"), e apatia, ausência de emoções ("sintomas negativos") e/ou comportamento gravemente desorganizado ou catatônico no Grupo de Sintomas II. Esses sintomas são amplamente observáveis por quem está de fora, o que é favorável para um médico que, caso contrário, poderia estar diante de uma pessoa incomunicável ou incoerente e portanto difícil de tratar. Uma pessoa que vivencia a psicose dificilmente consegue descrever a turbulência em curso com algum nível de eloquência, mas pode ser capaz de lhe contar como foi em retrospecto, quando o estrago surge no espelho retrovisor.

Antes de a psicose ter início de fato, como aconteceu durante *Lucy*, vivencio uma sensação inquieta de que algo está errado. O erro não se limita às coisas grotescas se transformando internamente, mas também se refere ao mundo em geral: como ficou desse jeito e o que devo fazer com ele? Digo isso não apenas em relação ao dia a dia, que é repleto de horas intermináveis que têm de ser gastas, mas também ao céu, às paredes, às árvores, à minha cachorra, às janelas, às cortinas, ao piso – que não são senão pequenas porções do todo que necessita da minha atenção, o que inclui qualquer coisa abstrata e concreta, mesmo que minha capacidade de lidar com aquilo seja de início reduzida e em seguida nula. Quanto mais penso no mundo, mais compreendo que deveria haver uma coesão que já não existe, ou que está se perdendo depressa – seja porque está se despedaçando, seja porque nunca foi coeso, seja porque minha mente já não é capaz de manter as partes unidas ou, mais provável, por causa de alguma mistura desordenada das opções acima. Consigo entender só uma peça ou outra, ainda que o céu devesse fazer parte do mesmo mundo que as cortinas, e a cachorra que entra no quarto atrai minha atenção como um objeto inteiramente novo a ser enfrentado. As pessoas escrevem sobre o assim chamado consolo da insanidade da mesma maneira arrogante como se referem à tranquilidade satisfeita de ser portador de uma deficiência intelectual grave, mas tenho consciência suficiente nesse espaço liminar para saber que algo está errado.

Algo está errado; então está *totalmente* errado. Depois da fase prodrômica, caio num estado existencial quase intolerável. O momento da passagem de uma fase para a outra é no geral brusco e nítido; viro a cabeça e no mesmo instante me dou conta de que meus colegas de trabalho foram substituídos por robôs, ou olho para minha mesa de costura enquanto a ideia de que estou morta vai assentando, fina e cinzenta feito fuligem. Foi desse jeito que fiquei, e continuei, delirante durante meses seguidos, que é como romper uma barreira tênue para outro mundo que se agita e corcoveia e não me atira de volta para o lado de cá, não importa quantos comprimidos engula ou quanto me esforce para retornar. A verdade é aquilo em que acredito, o que quer que seja, embora tenha o bom senso de papaguear o que sei que supostamente é a verdade: essas são pessoas reais, e não robôs; estou viva, não morta. A ideia de "acreditar" em alguma coisa se torna porosa enquanto repito os dogmas da realidade como uma boa menina. Quando estou tendo alucinações, a ideia de "ver" ou "ouvir" algo é igualmente suspeita. Vou ver uma coisa com nitidez suficiente para me abaixar ou saltar para evitá-la. Ainda assim, sei o que supostamente é verdade, e isso inclui uma realidade sem demônios sombrios ou alçapões inesperados.

Em diferentes níveis, filmes são elaborados de modo a tornar mais intensas as histórias que contam, e aplaudimos quando esse poder é exercido de forma eficaz. Um drama vencedor do Oscar nos faz chorar e ganha nossa admiração porque acreditamos, até certo ponto, na história na tela; fazemos um pacto com o filme para suspender a descrença. Se a história for envolvente e o diretor ou a diretora, hábil, nos permitimos aceitar que o ator está de fato abandonando sua alma gêmea em uma caverna, e, da mesma forma, sofremos se esse ator for competente o suficiente no seu ofício para nos fazer acreditar na sua dor. Sua tristeza se torna, em certo sentido, nossa tristeza – nossa dor a uma certa distância, que no entanto ainda se encontra próxima o bastante para nos fazer estremecer. Mesmo os dramalhões podem ser considerados eficientes, na medida em que o melodrama penetra direto no nosso ponto mais frágil e nos dá o prazer da conexão com nossa própria capacidade de sentir empatia, não importa o quanto sejam bregas.

O avanço tecnológico do cinema, então, reforça qualquer realismo que possa existir. Sentar-se e assistir a um filme projetado com os rolos chacoalhando ao fundo, ou com um organista ao vivo acompanhando no teclado, é uma experiência cinematográfica diferente daquela de assistir a um filme em uma tela IMAX gigantesca (o slogan da IMAX, bastante apropriado, é "Acreditar é IMAX"). Durante uma cena inicial de *Lucy* que apresenta a famosa e pré-histórica Lucy, fiquei maravilhada com o quanto as imagens geradas por computador (CGI na sigla em inglês para *computer-generated imagery*) haviam se tornado ágeis desde *Matrix* – um demolidor da realidade a que assisti na estreia, e não ouso assistir agora –, para não falar nos revolucionários *O exterminador do futuro 2* ou *Jurassic Park*. O CD-ROM da Microsoft Home *Dinossauros*, lançado em 1993, me entusiasmou quando eu era criança; assistir àqueles videozinhos foi minha primeira experiência com a animação 3D por computador. Mas me perguntei, nos vinte anos seguintes, à medida que as imagens geradas por computador se tornavam cada vez mais disseminadas, se íamos olhar para trás, para filmes como *A múmia* e *Guerra dos mundos*, e rir da facilidade com que os espectadores foram enganados por uma tecnologia que ainda não andava com as próprias pernas. É possível encontrar na internet uma lista dos "10 personagens CGI menos convincentes da história do cinema" com a mesma facilidade com que se encontra a lista dos "25 melhores filmes CGI de todos os tempos". A Lucy pré-histórica balbucia, faz caretas e se integra a um ambiente que inclui elementos que podem ou não ser fabricados: um rio real ou falso, um céu verdadeiro ou inventado. Não consigo apontar a diferença.

Na manhã seguinte, no café da manhã, perguntei a C. se podíamos falar de *Lucy*. Se conseguíssemos entender o que havia levado meu senso de realidade a vacilar, eu disse, saberia de quais filmes ficar longe.

"Bom", C. disse, "*Lucy* ia parecer louca em circunstâncias comuns, por causa das coisas que ela diz que consegue fazer. O problema para você talvez seja que ela realmente consegue fazer o que diz". *Lucy* insiste que minha realidade – e a realidade dos que estão à minha volta, na qual devo acreditar quando estou psicótica – não é a realidade verdadeira. O filme se propõe a embelezar, com truques cinematográficos vívidos, sua definição do que é a realidade verdadeira.

O filme *Uma mente brilhante*, de 2001, acompanha a vida do matemático John Nash, interpretado por Russell Crowe, dando ênfase ao papel desempenhado pela esquizofrenia nos relacionamentos e no trabalho de Nash. Numa tentativa de situar o espectador dentro da "mente brilhante" de Nash, Ron Howard recorre a manobras *à la* Shyamalan, apresentando uma reviravolta desconcertante em que o terrível supervisor de Nash no Departamento de Defesa, bem como um amigo de longa data de Princeton e sua encantadora sobrinha, se revela – *ta-rá!* – invenção da cabeça dele. Em *Uma mente brilhante*, a psicose não é nada além de uma versão vitaminada dos amigos imaginários da infância, e continua a assombrar Nash mesmo após a recuperação dele; na última cena do filme, quando Nash recebe o Prêmio Nobel de Economia, ele tem um vislumbre das três pessoas inventadas. A esquizofrenia, o filme deixa implícito, é eterna.

É fácil criticar *Uma mente brilhante* por sua representação piegas da esquizofrenia. De fato, assisti ao filme logo depois da estreia como uma recomendação da disciplina de Psicologia Anormal em Yale. A questão era nos mostrar como Hollywood compreende a psicose de forma errada, mas o uso cinematográfico que Howard faz das figuras inventadas é menos cru quando visto como uma metáfora para o delírio. O supervisor William Parcher tecnicamente é uma alucinação recorrente – um truque dos sentidos capaz de andar e falar, cortesia do ator Ed Harris –, mas também é o personagem que impulsiona a crença paranoica de Nash segundo a qual ele tem de decifrar um código soviético complexo a fim de livrar os Estados Unidos dos comunistas. Sem a presença sinistra de Parcher, o espectador jamais poderia se tornar cúmplice da crença de que Nash está envolvido em questões de segurança nacional.

Anos depois vivenciaria minhas primeiras alucinações, que não têm nada a ver com as fantasias recorrentes que Russell Crowe vivencia em *Uma mente brilhante*. Não muito depois disso vieram os delírios, embora ainda esteja esperando meu Prêmio Nobel.

Assisti a *Jogos vorazes: em chamas* em um cinema. Não estava mais psicótica e comprara ingressos em segredo para C. e para mim para a exibição das 19h. Nós nos sentamos nos assentos confortáveis no cinema Kabuki em Japantown em São Francisco e vimos Katniss Everdeen lutar pela vida. Uma cena que me prendeu particularmente envolvia um ataque de gaios tagarelas; num dos lados do campo de força, Katniss é cercada por pássaros geneticamente modificados, conhecidos como gaios tagarelas, que mimetizam o som da irmã dela sendo torturada e o usam como arma. Katniss grita, aflita e em pânico, enquanto seu companheiro Peeta tenta lhe dizer que *não é real*, mas a barreira invisível os separa. Apesar de todo o esforço dele, ela não consegue ouvir a explicação. A cena parece uma metáfora para muitas coisas.

Mais tarde, enquanto andávamos até o estacionamento, C. disse: "Lembra da cena dos gaios tagarelas?".

Disse que sim.

"Foi difícil de assistir", ele disse.

No cinema, havíamos deixado o filme nos envolver, e ainda assim meus contornos se mostraram sólidos. Pude entrar totalmente no filme sem me perder nele. Quando as luzes se acenderam, e a plateia começou a se mexer, peguei na mão de C. como se fôssemos um casal qualquer pronto para ir para casa.

John Doe[31], psicose

Alucinações

Costumava ver John em momentos inoportunos. Era mais provável que isso ocorresse em uma cidade estranha, onde parecia quase lógico que pudesse topar com ele. Ele também aparecia quando eu estava perto de casa, incluindo uma noite em um bar onde eu deveria estar comemorando o aniversário de alguém. Em vez disso, passei a noite inteira encarando, e depois seguindo, um homem que na minha cabeça era tão parecido com John que eu não conseguia desviar os olhos. Esse *doppelgänger* estava com uma mulher, e ele ria com o braço em volta dela, um copo contendo uma bebida marrom na mão. Fugi do bar e fiquei parada na calçada, tremendo, mas continuei a observá-lo pela porta aberta.

O incidente no bar aconteceu em 2006. John foi meu namorado no ensino médio fazia pouco menos de dez anos. Havia cortado o contato com ele em 2003.

---

31 Em inglês, "John Doe" costuma ser utilizado para designar um homem cuja identidade é desconhecida, sigilosa ou irrelevante, como "Fulano" e "Beltrano" em português. [N.T.]

Esse tipo de miragem não é incomum entre sobreviventes de abuso e estupro. Existem fóruns on-line onde as pessoas dizem coisas como: "Então fico sentada no meu apartamento onde quase fui assasinada [sic] 2 anos atrás. Ainda enxergo as manchas de sangue", e "Eh [sic] esquisito mas às vezes ainda consigo sentir o cheiro dele [...] da [sic] medo de ir dormir". As duas mulheres dizem, como se fosse um refrão: "Vejo o rosto dele em toda parte". Há filmes em que a mulher está voltando para casa depois do trabalho, atravessando uma multidão, e lá está ele. Ela entra em pânico, olha de novo – e é um menino que não deve ter mais de 12 anos, ou um futuro CEO que não lembra em nada o predador de olhos de lince dos *flashbacks* cinematográficos dela. O fenômeno indica preocupação. É por isso que Chris de Burgh cantarola que está vendo o rosto da (suposta) amante em toda parte. Não estou pensando nele, mas estou pensando nele. Ele está à espera em um posto de gasolina caindo aos pedaços na parte mais fodida e deserta da minha paisagem mental: feche as janelas, tranque as portas. É John o motivo pelo qual aliso de repente e várias vezes o cabelo do meu marido enquanto olho para ele na cama: porque o rosto dele se metamorfoseou, e arrumar seu cabelo é a única coisa que pode deter a alteração visual.

No livro *Demon Camp* [Acampamento demoníaco], de Jen Percy, um registro da vida de um soldado após a guerra, um neuropsicólogo não identificado fala das consequências neurológicas de um trauma: "Às vezes a amígdala aumenta de tamanho, o hipocampo encolhe. O trauma pode provocar inflamação, atrofia, perda de neurônios e encolhimento. Partes do cérebro podem definhar, se reorganizar e morrer". Também se acredita que o cérebro sofre lesões fisiológicas devido à esquizofrenia; de acordo com um estudo de 2013, a maior perda de tecido ocorre nos dois primeiros anos após o episódio inicial da doença, e, embora possa desacelerar depois disso, a perda continua. Pode-se então supor que a combinação do trauma e do transtorno esquizoafetivo poderia levar a uma poderosa bomba-relógio neurológica.

Desenvolvi transtorno de estresse pós-traumático (TEPT) na primavera de 2014. Minha compreensão do TEPT se limitava a histórias de um amigo que fora atacado em uma zona de guerra e às experiências de personagens de ficção; achava que meus calafrios e suores noturnos, minha sensibilidade extrema a sons e cheiros e outros sofrimentos físicos similares se deviam a complicações de uma doença crônica. Mas comecei a ter pesadelos. Eu me sentava na cama, atravessada pelo terror, hiperventilando no escuro. Em determinadas noites, podia me assustar com qualquer coisa – um cachorro latindo no final da rua; a pronúncia da palavra "elegante" num audiolivro. No geral me assustava umas vinte vezes por noite, a hipervigilância aumentando a cada choque até que cada centímetro do meu corpo fosse reduzido a um nervo exposto. Comecei a dormir sentada, apoiada na cabeceira, porque ficar em posição supinada piorava exponencialmente meus sintomas. Mandei um e-mail para a minha psiquiatra. Começavam com *Acho que posso estar com alguma forma de TEPT.*

A dra. M respondeu explicando os possíveis tratamentos, chamando minha experiência de "TEPT crônico": *Seu caso é bem mais complexo por causa do transtorno esquizoafetivo, que não acredito que seja secundário em relação ao TEPT, mas é um fator adicional.* Vivia com transtorno esquizoafetivo resistente à medicação antes do novo diagnóstico, e o TEPT, embora fosse excruciante de uma forma singular, não era – ao contrário do transtorno esquizoafetivo – considerado incurável. A dra. M me encorajou a procurar uma terapia específica para tratar o trauma; como meus sintomas causavam privação de sono, ela também prescreveu Intuniv, comercializado como um tratamento não estimulante para o transtorno do déficit de atenção com hiperatividade, mas que também era usado contra hipervigilância e pesadelos. Fiquei agradecida por isso – pelos novos comprimidos e as novas formas de terapia –, e fiquei agradecida pela esperança de uma condição que eu poderia eliminar.

Meus gostos literários mudaram. Comecei a ler *thrillers* de Jo Nesbø, começando com *Boneco de neve*. Esse romance, no qual o assassino em série do título tortura, mutila e mata mulheres para enfiá-las em "bonecos de neve", era o primeiro que eu lia da série do detetive Harry Hole de Nesbø. Li a série inteira. Ouvia os audiolivros, me pondo para dormir com descrições de tortura. Apoiava o celular na pia para poder ouvir cenas de autópsia enquanto tomava banho. As vítimas nesses livros, sobretudo as que suportam as formas de violência mais grotescas, são quase sempre mulheres.

Mas só havia uns poucos livros dele por aí, e eu precisava preencher quase todos os momentos de vigília com violência. Maratonei *The Killing* e *Hannibal* e *The Fall*, o que também significava reprisar os episódios particularmente torturantes de *The Killing* e *Hannibal*; ouvi mais audiolivros do mesmo gênero, alguns escritos numa prosa tão ruim que eu acreditava estar matando neurônios mais rápido do que qualquer transtorno esquizoafetivo ou trauma poderia matar; li a trilogia *Millenium* de Stieg Larsson, e aí assisti aos filmes em sueco. É impressionante, e horripilante, quantos autores escolhem empregar o tropo da descoberta do corpo de uma mulher em pedaços, espalhado, ou em sacos de lixo, irreconhecível. Eu me perguntei se as livrarias, em vez de ter seções de Mistério ou de Literatura Afro-Americana, deveriam reservar uma seção para Garotas em Apuros.

Por que eu estava fazendo isso? Algumas pessoas que sofrem de TEPT se colocam, de forma consciente ou inconsciente, em perigo a fim de "consertar" o trauma original. Cheguei à conclusão de que estava, ao viver de forma indireta por meio dessas garotas e dessas mulheres, fazendo a mesma coisa. Talvez fosse algum tipo de terapia de exposição. Se simplesmente conseguisse vivenciar violência suficiente, se conseguisse ouvir descrições suficientes de corpos de mulheres sendo encontrados aos pedaços, conseguiria convencer meu sistema nervoso simpático a se acalmar.

Vivenciei sintomas psicóticos pela primeira vez quando era veterana em Stanford. Vivenciei uma série de alucinações reiteradas com garotas pedindo ajuda aos gritos do lado de fora da minha janela. Da primeira vez que isso aconteceu eu chamei a polícia, que atendeu ao chamado, e que, depois de ter feito uma vistoria, me disse que não havia ninguém ali. Da segunda vez eu liguei para a minha mãe, que me disse para não ligar para a polícia de novo. Ela não disse que as garotas em apuros não eram reais, mas era isso que queria dizer. Certa vez apareceram para mim de forma espontânea, exigindo que prestasse atenção. Agora as caço. Agora as procuro.

Transtorno de pensamento

A dessensibilização e reprocessamento por movimentos oculares (EMDR na sigla em inglês para *Eye Movement Desensitization and Reprocessing*) é uma terapia utilizada com frequência para tratar as consequências psicológicas do trauma.[32] Para que um paciente possa receber o "verdadeiro" tratamento EMDR, tal como desenvolvido pela dra. Francine Shapiro, o médico ou médica tem de aderir às diretrizes e padrões ou do EMDR International ou do EMDR Europe. Essas diretrizes e padrões podem ser encontrados na cartilha da dra. Shapiro, *EMDR: Terapia de dessensibilização e reprocessamento por meio dos movimentos oculares: princípios*

---

32 Esse método, apesar de ser contestado e com evidências científicas insuficientes, é usado clinicamente e listado como alternativa terapêutica para TEPT pela Organização Mundial da Saúde (OMS). [N.R.T.]

básicos, protocolos e procedimentos, cujo original em inglês custa 59 dólares quando adquirido em emdr.com. *Deixando seu passado no passado: assuma o controle da sua vida com técnicas de autoajuda da terapia* EMDR, também da dra. Shapiro, custa apenas 17 dólares no mesmo site.

A terapeuta que realizou uma versão *ad hoc* da EMDR em mim quando eu tinha vinte e poucos anos o fez depois de me dizer que eu estava "paralisada". Não neguei isso na época, e não vou negar agora. Meu relacionamento com John estava terminado havia anos, e o Trauma com T maiúsculo de ser estuprada e abusada por ele havia acontecido muito tempo antes disso, e ainda assim eu falava dele em quase toda sessão de terapia, repetindo e voltando a repetir variações das mesmas histórias, incapaz de deixar o assunto para trás para falar de preocupações do presente. Ela sugeriu que tentássemos EMDR. Ela não tinha capacitação em EMDR, admitiu, mas podia aprender pelo bem da minha terapia. Eu estava disposta a tentar praticamente qualquer coisa.

A estrutura da EMDR é assim: ao longo das oito fases do tratamento, tal como delineadas por Shapiro, o paciente aprenderá a processar o trauma acessando um evento-alvo e suas respectivas imagens e cenas, explorando as cognições por trás do alvo e realizando movimentos oculares conduzidos pelo terapeuta até que as taxas baseadas nas Escala de Unidades Subjetivas de Desconforto (SUDS na sigla em inglês para *Subjective Units of Distress Scale*) caiam para zero ou perto de zero. Numa entrevista feita pelo *New York Times*, Shapiro explicou que "o objetivo é deixar que o sistema de processamento de informação do cérebro faça novas conexões internas enquanto o paciente foca nos pensamentos, emoções, lembranças e outras associações". Em outras palavras, pensar em outras coisas enquanto move os olhos de um modo prescrito reconecta o cérebro. De acordo com a gênese da terapia, Shapiro notou, durante uma caminhada no bosque, que suas emoções negativas diminuíram drasticamente quando os olhos dela dardejavam de um lado para o outro.

É possível, segundo o Instituto EMDR, que os pacientes sintam um alívio quase imediato.

Eu disse a algumas pessoas, depois das minhas sessões EMDR, que minha "paralisia" em relação a John tinha evaporado. Era como se, eu dizia, papagueando algo que lera sobre os resultados da EMDR, uma fotografia dele tivesse passado de colorida a preto e branco; ele ainda estava ali, mas a saturação tinha diminuído. Em retrospecto, podia ter poupado centenas de dólares e ter sido igualmente impactada comprando o *Deixando seu passado no passado* e testando o EMDR em mim mesma.

O SUDS é uma estrutura desenvolvida pelo psicólogo Joseph Wolpe, porém o que são nossas experiências de desconforto psíquico senão subjetivas?

Não muito tempo antes de eu finalmente parar de falar com John, uma amiga me disse que uma pessoa que conhecíamos afirmara que não acreditava que eu fora estuprada.

"Se realmente tivesse sido estuprada", a pessoa dissera, "de jeito nenhum ela ia continuar falando com ele".

SUD = oito: o início da alienação, chegando à perda de controle.

Delírios

Em 2006, depois da EMDR, eu acreditava no sucesso do tratamento; o trauma não fora eliminado, porém a ferida estava agora cicatrizada. Oito anos depois, me deparei com a busca por John Doe 28 num tuíte:

O FBI pede a ajuda das pessoas para deter um abusador de crianças.
pic.twitter.com/w3GzJ77Fya
fbi.gov/news/st

Da primeira vez que vi essa mensagem, compartilhada por uma blogueira feminista, a ignorei. Mas ela retuitou a mensagem no dia seguinte, e a repetição foi o bastante para me fazer clicar no link. O artigo mostrava três fotos de baixa resolução coladas em um único arquivo jpg: o perfil de um homem aumentado; outra foto aumentada de um homem de frente, com uma figurinha de azul bem na frente dele; por fim, uma foto aumentada da camiseta bordô do homem, com um peixe ou um tubarão estampado na parte da frente.

E aí eu disse: "Caralho". Ou talvez tenha simplesmente pensado isso enquanto lia o artigo do FBI sobre John Doe 28, cujo paradeiro era desconhecido, e que provavelmente estava na casa dos 30 ou 40 anos, com óculos de aros metálicos e cabelos rareando. Acreditavam que fosse americano porque ele pronuncia uma única palavra, *careful* [cuidado], no vídeo de pornografia infantil que mostra seu rosto. O vídeo com John Doe 28 foi encontrado durante uma batida numa casa em São Francisco, que era onde eu vivia. O artigo fora escrito pelo FBI de San Diego, a cidade em que, menos de seis meses antes de ver o tuíte em questão, eu sabia que John vivia.

Era John no vídeo? Não dava para ter certeza. A imagem era de baixa resolução; o rosto não estava bem centralizado. Consultei uma amiga para saber como agir. Continuei verificando a imagem para ver se despertava familiaridade ou medo visceral. Eu me perguntei se John seria o tipo de pessoa que ia usar aquele tipo de camiseta bordô. Ele teria uma camiseta com um tubarão no peito? Uma vez dei uma calça rosa-choque de presente para ele, que usou até, segundo ele, a mãe jogar fora.

Liguei para o FBI. Era mais ou menos como ligar para o meu provedor de internet: a musiquinha era animada; a voz feminina gravada disse que valorizavam minha ligação e agradeciam a minha paciência. Quando alguém atendeu, lhe disse o que sabia, que um ex-namorado fichado como agressor sexual se parecia com John Doe 28. Ela anotou minha informação. "Vamos entrar em contato se precisarmos de algo", disse.

Ainda hoje verifico para ver se John Doe 28 foi identificado. Penso no quanto foi insano achar que os dois homens eram parecidos o bastante para ligar para o FBI, mas não há ninguém a quem pedir para fazer a comparação por mim. Quando suspeito que estou vivenciando uma alucinação, posso perguntar para um amigo: "Você ouviu isso?". Verificações de realidade são uma ferramenta comum para pessoas com um transtorno psicótico. Ainda assim, ninguém que continua na minha vida conhece, nem jamais conheceu, a aparência de John. Empreguei quase todos os meios possíveis para tirá-lo da minha vida.

Catatonia

Durante anos quis conversar com meu parceiro, C., a respeito do que havia acontecido comigo. Ele não queria ouvir o que havia acontecido comigo. Eu queria parar as pessoas nas ruas e contar minha história. Era impossível fazer isso, e desaconselhável.

Quando falei a respeito do que aconteceu, me dei conta de que fiz isso sem rodeios, às vezes com indiferença. Namorei uma pessoa no ensino médio. Essa pessoa abusou de mim e me estuprou. Mais tarde ele foi detido e preso por posse de pornografia infantil e por tentar seduzir uma menor de idade, que na verdade era uma agente da polícia, o que o fez ser fichado como agressor sexual pela Lei de Megan. Por fim, em 2003, lhe disse para me deixar em paz. Mas partes da história foram deixadas de fora. Eu o amava, mas ele não me amava nem um pouco. Ele tirou algo de mim, mas eu não precisava ter continuado com ele. Uma narrativa ficcional é considerada nuançada quando inclui contradições, mas uma narrativa de trauma é incoerente se fizer o mesmo.

Hoje hesito em falar muita coisa a respeito do que de fato aconteceu entre mim e John Doe. As pessoas me disseram que fiz um escândalo por nada, o que faz com que o trauma do sofrimento se some ao trauma de me sentir uma criancinha chorona. Não relato o estupro, porque fazer isso é como testemunhar diante de quem me lê, que integra a magistratura e o corpo de jurados, e tenho pesadelos suficientes com testemunhos canhestros e malconduzidos para tentar. Ninguém precisa acreditar em mim quando digo que foi ruim, mas me recuso a fornecer esse tipo de munição ao público para início de conversa. Agora guardo isto para mim: o brilho da iluminação da rua, o olhar dele.

Comprometimentos da cognição social

Certa vez John disse: "Sei o que tem de errado comigo. Não preciso ir a um psiquiatra pra descobrir". Ele tirou da mochila uma garrafinha com algo que parecia um líquido feito de ervas. "Estou tomando isso."

Estava muito amedrontada para perguntar para que estava tomando aquilo e o que achava que havia de errado com ele. Meu palpite na época era transtorno bipolar, devido aos humores dele – ele tinha, por exemplo, parado durante uma caminhada, pegado um tijolo e o arremessado em uma janela ali perto, e então continuou a andar como se nada tivesse acontecido –, mas quem sabe qual era, ou é, o problema que ele dizia ter? Foi isso que o levou a fazer as coisas terríveis que fez? Uma carta que recebi quando estávamos prestes a cortar a comunicação incluía a frase *Me desculpe por estuprar você*. Nessa carta, culpava as drogas por grande parte de suas ações e posturas. Depois que paramos de nos falar, ouvi de um conhecido em comum que ele finalmente tinha ido para a reabilitação. Em seguida, quando recuperou o acesso à internet, fui encontrá-lo na página pública do Facebook, onde John escreveu um discurso repleto de palavrões sobre pessoas que, na opinião dele, confiam cegamente na polícia e no sistema judicial, e utilizam informações dessas fontes para julgá-lo e para julgar a vida dele.

Eu era uma dessas pessoas indesejadas, claro, que prestavam atenção aos detalhes da vida dele.

Ele sentia muito. Ele não sentia muito. Ele ainda estava zangado, mas agora estava zangado em particular com uma comunidade que podia, se jogasse o nome dele no Google, encontrar como primeiro resultado um que tinha como subtítulo "Informações de Registro de Agressor Sexual [de John Doe]", porque a Lei de Megan permitia que as pessoas vissem essas informações on-line desde 2014. Sua ficha criminal está imortalizada e visível para qualquer um com acesso a um computador. Tenho me perguntado se é justo marcar permanentemente um homem que cometeu certos crimes quando estava com vinte e poucos anos. O site da Lei de Megan declara: "A lei não foi feita para punir aqueles que estão nos registros e proíbe expressamente que se faça uso da informação para perseguir ou cometer qualquer crime contra os que estão nos registros".

Eu, por outro lado, não estava zangada, apesar dos anos durante os quais uma variedade de terapeutas tentou me levar àquele ponto a partir do qual acreditavam que eu pudesse começar a me curar. Em vez disso perdoei John, acreditando que o perdão ia me trazer paz. No final de 2013, mandei um e-mail para ele depois de uma década de silêncio. Disse que estava legal e que esperava que ele estivesse bem também. Disse que achava que os dois tinham feito o melhor que podiam com aquilo que tinham na época.

John respondeu. Disse que ficava feliz de receber notícias minhas. Quisera pedir desculpas, disse, mas perdera minhas informações de contato. Disse que realmente quisera manter contato.

Perguntei a uma amiga o que achava disso. "Ele talvez mereça ter uma vida boa", Miriam disse, "mas não merece ter uma vida boa com você nela".

Essa troca de perdões aconteceu antes do início do TEPT – antes dos pesadelos e das ondas intermináveis de pavor, e antes de ver alguém que se parecia com ele em uma nota do FBI. O perdão, como ficou claro, não é uma perspectiva linear. Nem a cura. Ambos irrompem e morrem; o mesmo acontece com meus sintomas do transtorno esquizoafetivo. Tenho tentado controlar essas "oscilações", como minha psiquiatra as chama, mas o que é que pode ser verdadeiramente controlado, se é que alguma coisa pode?

Ainda há noites em que me sinto à beira do precipício, quando o terror do TEPT se combina às artimanhas da irrealidade. Essa mistura se alastra por mim como se fosse papel mata-borrão, e então fico imprevisivelmente vulnerável a todo tipo de estímulo – trailers de filmes que friccionam os lugares onde me encontro em carne viva, me dando um choque de adrenalina, e que metem a ficção na minha noção do que é real. A essa altura posso, às vezes, me sair relativamente bem quando se trata de me manter a salvo das circunstâncias perigosas. Assistir a *The Great British Bake Off* tem sido uma maneira de acalmar o terror e me manter calcada no real. C. é bom em reconhecer o momento de sugerir que a gente assista a episódios antigos; nos enroscamos um no outro no sofá com a cachorra aninhada contra nós ou entre os dois, e aprendemos a fazer *crème pâtissière* bem firme. Aprendi o quanto é difícil misturar maracujá ou água de rosas em uma receita sem solar a coisa toda. Devagar, o mundo volta a se juntar em algo que se assemelha mais à realidade. A possibilidade do terror ainda está ali perto, mas não se eriça à menor provocação. Nesse ponto, dou um beijo nele. Vou para a cama.

Meio ano depois de ter ligado para o FBI, estava sentada à mesa de jantar, lendo, enquanto C. fritava ovos no fogão. Então ele começou a gritar, xingando por conta de um machucado causado pelo que mais tarde descobri serem respingos de óleo: um simples acidente. Sem pensar, dei um pulo e saí correndo. Abri a porta do banheiro e me atirei ali dentro, me encolhendo ao lado do vaso, semiconsciente do que estava fazendo e do que estava acontecendo. Ele veio tratar da queimadura; quando a porta se abriu, passei de quatro por ele indo na direção do quarto. Abri o closet do quarto, que estava sem luz e forrado de roupas sujas, e fechei a porta atrás de mim também.

Tinha meu celular ali comigo, no closet escuro feito breu do quarto onde estava escondida e começando a chorar, e, com o celular, procurei o e-mail de John, que li e reli: "Por favor, podemos conversar mais? Obrigado. Com amor, John". Não sabia por que estava segurando a mensagem dele na mão. Estava à procura de algo que tinha perdido, algo que fora roubado. Tinha esperança de encontrar segurança, ou algo parecido com isso. John estava em outro lugar. Eu estava supostamente livre dele, e estava em segurança, mas perdera a fé naquela ilusão havia muito tempo.

Dias de danação

Escrevo isto enquanto vivencio um tipo de psicose conhecida como delírio (ou síndrome) de Cotard, na qual os pacientes acreditam que estão mortos. O que o estado confuso da escritora significa não está fora de questão, porque é a questão. Estou aqui, em algum lugar: *cogito ergo sum*.

Em outubro de 2013, fui a um treinamento de palestrantes na Associação de Saúde Mental de São Francisco. Como nova contratação da divisão, começaria, em 2014, a dar palestras antiestigma em escolas, órgãos governamentais e outras organizações pela cidade. Parte desse treinamento incluía uma aula sobre o uso correto da linguagem – dizer "pessoa com transtorno bipolar" ou "pessoa que vive com transtorno bipolar" ou "pessoa com diagnóstico de transtorno bipolar" em vez de "bipolar" como predicado nominativo. Diziam a nós, palestrantes, que não éramos nossa doença. Em vez disso, éramos indivíduos com transtornos e disfunções. Nossas condições eram colocadas sobre nós feito cobertores de varíola; éramos uma coisa, e a doença, outra.

Havia suportado meu mais longo período de psicose no início daquele ano, de fevereiro a agosto, e, depois de tentar todo antipsicótico atípico do mercado, ou seja, da nova geração, comecei a tomar Haldol, um antipsicótico vintage, que eliminou os delírios até o dia 4 de novembro. Naquela manhã, olhei para a mesa de costura antiga no meu escritório, vendo a madeira vermelha sem enxergá-la totalmente, e senti a ansiedade da irrealidade. O delírio completo não viria até o dia seguinte, mas eu sabia o que aquilo significava; as últimas semanas não tinham simplesmente sido "difusas", como disse várias vezes às outras pessoas, mas tinham sido de sinais e alertas pré-psicose.

Esses sinais parecem comuns para os outros e eram comuns para mim. Estava infeliz com meu escritório, então mudei a escrivaninha de lugar e criei uma parede de destaque com adesivos de parede de peônias douradas. Outros sinais eram mais fundamentais para o meu conceito de eu e tocavam em questões existenciais, o que deveria ter sido um alerta mais evidente de angústia. Estava incerta quanto a meus valores fundamentais, então reli *The Desire Map: A Guide to Creating Goals with Soul* [O mapa do desejo: um guia para criar metas com a alma], de Danielle LaPorte, e "descobri" meus Sentimentos Mais Desejados; tendo me conectado com meus Sentimentos Mais Desejados, os escrevi obedientemente com canetas Le Pen de várias cores em um post-it quadriculado do meu fichário da Filofax. Comecei um trabalho com uma amiga e "musa funcional" durante o qual passei a um exame espiritual da minha relação com a escrita e com a arte em geral, voltando várias vezes à pergunta: "O que é a arte e qual a função dela?".

Tudo isso faz sentido em retrospecto, tanto quanto qualquer coisa poderia fazer sentido. Em episódios psicóticos do passado, minha resposta era agrupar, em desespero, rituais ou estruturas que iam de alguma forma repelir a ansiedade de uma fratura psicótica, ou as "associações frouxas" de Eugene Bleuler. Que iam agrupar os pedacinhos da minha mente, que começou a se desfazer – a ficar "destrambelhada" –, em um todo coeso. Mas a análise não solucionou o problema. Nem os novos divisores do meu fichário da Filofax, ou os cinco *planners* do ano de 2014 que comprei, rabisquei e abandonei. O ritual, minha terapeuta depois me disse, ia ajudar, mas não era a solução; não havia solução.

O delírio de Cotard foi descrito pela primeira vez em 1882 pelo dr. Jules Cotard, que o chamou de "delírio da negação"; desde então, poucos casos do transtorno foram descobertos. Relatos de casos podem ser encontrados aqui e ali – a história, por exemplo, de uma filipina de 53 anos que emigrara havia pouco tempo para os Estados Unidos, que "[se queixava] de que estava morta, que tinha cheiro de carne apodrecida, e que queria ser levada a um necrotério para que pudesse ficar com pessoas mortas". O que sabemos a respeito do transtorno se limita ao pequeno número de casos que se manifestam mundo afora, mais bem resumidos num artigo de revisão de literatura publicado em 2011 por Hans Debruyne et al. na *Mind and Brain*.

Debruyne e seus colegas sugerem que o delírio de Cotard tem relação com o delírio de Capgras, que também vivenciei várias vezes. Os dois delírios são raros, e os dois afetam a área fusiforme da face e a amígdala, que processa as emoções. A emoção normal que sentiria olhando para o rosto de uma pessoa amada está ausente. O indivíduo que sofre de Capgras é incapaz de sentir emoções diante de rostos familiares. Acredita-se que com Capgras essa ausência leva à conclusão de que as pessoas amadas foram substituídas por duplos, e, com Cotard, que o indivíduo que vivencia o delírio está mesmo morto.

Na *Scientific American*, o dr. James Byrne escreve, sobre o delírio de Cotard: "Por mais engraçado que pareça, é obviamente uma disfunção cerebral ou uma manifestação de problemas emocionais ou profundamente arraigados". É essa atitude leviana em relação a esses delírios que resulta em manchetes que se referem a uma "invasão de ladrões de corpos" e a uma "síndrome do zumbi ao contrário" – duas referências jornalísticas populares e nada sutis a um ligeiro horror que pouco tem a ver com o terror real de qualquer um desses delírios.

No décimo episódio da série televisiva *Hannibal*, intitulado "Buffet Froid", uma jovem se revela a assassina. É o dr. Lecter quem apresenta o delírio de Cotard a Will, o protagonista da série, e portanto aos espectadores: "Você chegou a pensar na síndrome de Cotard? É um transtorno delirante raro em que a pessoa acredita que está morta. [...] Mesmo os mais próximos [a ela] parecem impostores". A assassina, chamada Georgia, sofria com o delírio de Cotard havia anos, e dilacerou o rosto de uma das vítimas, provavelmente para ver o que havia por baixo. A certa altura, quando Will a encontra, ele grita, inutilmente: "Você está viva!".

No início da minha própria experiência com o delírio de Cotard, acordei meu marido antes do nascer do sol. Daphne, nossa cachorra, se agitou, e começou a bater o rabo meio-vira-lata-meio-Papillon contra os lençóis. Eu estava no escritório, mas agora chacoalhava meu marido e chorava de alegria.

"Estou morta", eu disse, "e você está morto, e Daphne está morta, mas agora posso fazer tudo de novo. Você não entende? Tenho uma segunda chance. Posso me sair melhor agora".

C. disse, gentil: "Acho que você está viva".

Mas essa afirmação, claro, não significava nada. Era a opinião dele, e eu tinha a minha crença sólida. Posso afirmar que o céu é verde, mas você vai enxergá-lo desse jeito? Estava animada com a crença de que tinha uma segunda chance em algum tipo de além – ela me fazia ser mais gentil, mais generosa. Não ficava irritada com problemas de downloads do computador. Era querida com telemarketings. Era verdade que eu estava morta, mas acreditava que fazia sentido afetar normalidade, ou antes, uma versão aprimorada da normalidade, devido à crença suplementar segundo a qual eu estava em um além. De acordo com a lógica do meu delírio, esse além me fora concedido porque não me esforçara o suficiente para demonstrar compaixão na minha vida "real", e, embora agora estivesse morta, minha morte também era uma oportunidade otimista.

Eu tuitei *O que é que você faria se na verdade estivesse morto ou morta, e a vida que estivesse vivendo agora fosse sua segunda chance?*.

Era uma boa pergunta hipotética, o tipo de coisa que uma viciada em autoaprimoramento como eu poderia mencionar. Mas para mim era verdade. Continuei com essa percepção por um único dia antes que a ilusão se atenuasse.

A dra. M me disse na mesma hora que não ajustaríamos a medicação. Aumentar o Haldol, o que havia levado ao meu episódio psicótico anterior, ia engendrar o risco de uma anedonia severa, assim como de discinesia tardia, para a qual não havia cura. Não ia haver mais carrossel de tentativa-e--erro de antipsicóticos. A dra. L, minha terapeuta, observou que é mais difícil medicar delírios do que alucinações. A forma do transtorno esquizoafetivo que eu tinha, a dra. M disse, era resistente à medicação. Ambas concordavam que o melhor plano de ação era aprender mecanismos para lidar com aquilo e praticar a aceitação.

A certa altura, parei de falar. Eu me inclinava para longe da dra. M na cadeira de veludo castanha.

Como a dra. L estava presente via chamada de vídeo, a dra. M relatou: "Ela está frustrada", enquanto eu soluçava de encontro ao encosto da poltrona.

A dra. M mencionou um grupo de Terapia Cognitivo-Comportamental para a psicose. A terapia cognitivo-comportamental (TCC) – também conhecida como "terapia com dever de casa" – opera a partir de um processo sistematizado de ajuste de falsas cognições e comportamentos desadaptativos. Um estudo importante, ou uma série de estudos, mostrou que a TCC pode, sozinha, ser tão eficaz quanto antidepressivos. Por causa disso, os planos de saúde amam a TCC; por que passar anos no divã tagarelando a respeito da infância e dos sonhos, ou pagando remédios caros, quando uma pitadinha de TCC cumpre seu papel? A TCC para a psicose, tanto quanto fui capaz de entender enquanto chorava, era feita para ensinar as pessoas que vivem há bastante tempo com sintomas psicóticos a lidar com eles.

A TCC para a psicose pode ser um programa salvador, mas, naquela consulta, eu estava convencida de estar morta, e não compreendia de que jeito uma técnica baseada no ajuste de crenças poderia me ajudar a me livrar daquela convicção.

A perspectiva de qualquer tipo de terapia me parecia uma sugestão de que me sentasse e meditasse num edifício em chamas.

Em episódios anteriores, a dra. M sugerira tanto a hospitalização quanto a terapia eletroconvulsiva (ECT). Elas não foram mencionadas dessa vez, provavelmente porque nenhuma fazia sentido. A hospitalização e a ECT são oferecidas como opções num caminho que conduz à melhora, e eu não ia melhorar.

Em vez disso, as questões passaram a ser de percentual.

Qual o percentual da minha vida que transcorreria com a psicose.

Qual o percentual de funcionamento que eu poderia esperar. Qual o percentual da minha vida que poderia transcorrer com 60% de funcionalidade, em vez de com 5%. A dra. L me disse que era "irrealista" acreditar que algum dia estaria 95%, ou 100%, de novo, o que é excruciante de ouvir quando se é uma pessoa que conquistou muita coisa.

Qual o percentual de insight que eu poderia esperar.

Ninguém podia, ou pode, responder a essas perguntas, claro.

Outras perguntas: se estiver psicótica 98% do tempo, quem sou eu? Se acredito que não existo, ou que estou morta, isso não impacta quem sou? Quem é essa pretensa "pessoa", que é uma "pessoa vivendo com psicose", quando a psicose chegou a um ponto em que não há escolha alguma a não ser a aceitação?

Quando o eu foi engolido pela doença, não é cruel insistir em um eu separado da doença? É por isso que tanta gente insiste em acreditar em uma alma?

Do meu diário, uma lista:

23h13.
Sou Esmé.
Sou escritora.
Sou casada desde 2009.
Tenho pais vivos.
Tenho um irmão, que é casado.
Tenho 1,62 m de altura.
Nasci em Michigan.
Meu aniversário é dia 8 de junho.
Flores que amo: ranúnculos, peônias, ervilhas-de-cheiro, jasmins, anêmonas.
Se tivermos uma menina, C. quer que se chame Magnólia.
Havia magnólias no nosso casamento.

Solicitei uma consulta para a ECT, também conhecida como o último recurso terapêutico, porque agora o delírio revelava uma face sinistra que eu achava intolerável. Embora já tivesse acreditado que fora presenteada com uma otimista vida após a morte, essa noção cintilante tinha sido substituída depressa pela ideia de que eu estava condenada à danação. Nesse cenário, estava condenada a vagar eternamente em um mundo que não era meu, em um corpo que não era meu; estava condenada a permanecer rodeada de criaturas e de supostas pessoas que mimetizavam o mundo amável que um dia eu conhecera, mas que agora eram fictícias e não despertavam em mim nenhuma emoção. Passei a maior parte do tempo numa catatonia psicótica, uma forma de agitação caracterizada por movimentação hiperativa ou por total ausência de movimentação, e ficava deitada na cama sentindo uma agonia psíquica mais excruciante do que qualquer experiência pessoal de dor física.

Minha escolha da palavra "danação" é deliberada, já que durante esse período em que estive mal escolhi ouvir o audiolivro de *Em casa*, o romance premiado de Marilynne Robinson. Comprar e ouvir *Em casa* envolveu uma tomada de decisão complicada. Minha terapeuta me avisara meses antes para evitar imergir na ficção quando eu estivesse delirante. Isso depois que o audiolivro de *Escola de equitação para moças*, de Anton DiSclafani, me deixou desorientada e acreditando que andava a cavalo e estudava em um colégio interno. A psicose faz com que minha realidade vire uma confusão; o acréscimo de elementos ficcionais representa mais lenha desnecessária nessa fogueira, e o conteúdo pode me levar a ficar mais atarantada e agitada do que já estou.

E ainda assim comprei o audiolivro de *Em casa*. É um dos meus livros favoritos, e um dos livros mais tristes que já li; não me importava de entrar em Gilead. Escolhi *Em casa* sabendo que provavelmente ia me fundir com aquele mundo ficcional, e me fundi. Saía do quarto surpresa por não estar com os pés na varanda da frente de Ames, o que não ia ser nem mais nem menos surpreendente do que sair pela porta do escritório e ver Glory preparando o café da manhã para o irmão autodestrutivo, Jack, que não sabe como retribuir o amor dela. Se ia ficar perdida e errante, preferia me perder em Gilead a me perder em qualquer outro lugar.

Mas a realidade de *Em casa*, que passa boa parte do tempo discutindo o estado da alma de Jack Boughton, também me trouxe a noção de danação. Tinha pouca familiaridade com o calvinismo que marca a obra de Robinson. O que sabia, a partir de *Em casa*, é que Jack Boughton está interessado em questionar se nasceu predestinado à danação. Em uma cena, Jack diz à irmã, Glory, que acredita que o pai deles, que é pastor, teme pela alma de Jack, que não estaria salva. Jack é conhecido pelas aventuras e pecados, e diz a Glory que finalmente procurou "danação" no dicionário: "A perda total da alma, ou da felicidade final em um estado futuro – ponto e vírgula – miséria futura ou morte eterna". Ele acrescenta: "Isso parece um pouquinho cruel, você não acha?".

Cruel ou não, me agarrei àquele mundo. Nunca tendo sido cristã, ainda via a mim mesma como uma alma num estado de danação eterna, porque não conseguia explicar de outra forma o que estava acontecendo comigo.

Durante os "dias de danação", que não tinham nenhum ritmo, não conseguia reunir a motivação para fazer coisa alguma. Não comia. Ficava muitas vezes sem me mover. Não tentava ler ou responder a um e-mail ou ter uma conversa, porque não havia sentido em fazer nada quando fora condenada à danação. Em vez disso havia apenas horror e uma agitação que se recusava a se manifestar fisicamente devido à ausência de motivação.

Havia a questão do que vestir na minha consulta para a terapia eletroconvulsiva, que seria na Universidade da

Califórnia em São Francisco. Se estivesse bem-vestida demais, pensei, não seria capaz de comunicar que passava a maior parte do tempo sofrendo tortura psíquica. Se estivesse um lixo, podia acabar internada, e tinha experiência suficiente com hospitais psiquiátricos para saber que não queria ou precisava ser hospitalizada.

A menos que esteja catatônica, uso batom vermelho e base da Chanel. Tenho cabelo curtinho e loiro platinado. Uso extensões de cílios. Às vezes fico meses sem tomar banho, mas não tenho aparência desgrenhada. Amigos me mandam mensagens pedindo dicas de moda. Já fui modelo – não profissional, nem talentosa, mas fui. Tendo a ter uma aparência superficialmente boa em circunstâncias ruins.

Tendo perdido mais de 13 quilos no último ano (18 ao final da semana seguinte), adotei o uniforme "mocinha francesa casta", de nome hiperbólico. No que era um visual extremamente preguiçoso, mas eficiente, me enfiava numa camiseta branca de gola V e calça preta, ou a mesma camiseta de gola V e uma saia-lápis preta com meias até as panturrilhas. Vendi ou doei o resto, quase tudo adquirido quando era redatora de moda e ainda mantinha um emprego de tempo integral: um vestido Sonia Rykiel com mangas bufantes e botões que havia comprado e usado durante uma residência literária em Toronto; dois vestidos Marc Jacobs de seda, de tamanhos diferentes, mas de resto idênticos; leggings pretas de couro sintético que usava como calças. Para a consulta, escolhi usar a calça e camiseta. Passei maquiagem. Disse que pus a calça não porque me lembro de usá-la, tendo minha memória sido em grande parte destruída por causa da psicose, mas porque provavelmente estava frio demais para usar uma saia naquela parte da cidade.

No dia da consulta, ajudei C. a dar ré no Ford fazendo gestos com a mão na calçada. Quando me encostei num carro estacionado, a mão erguida, dois caras jovens passaram por mim. O de cabelo crespo, bonito, virou a cabeça.

Sim, pensei, nossos olhos se encontrando, você pode me achar gata, mas também sou um cadáver apodrecido. Que puta azar, rapaz.

Algumas semanas antes, havia vendido um número incrível de pertences em uma venda de garagem que chamei de pague-o-que-quiser. C. vira meu tuíte no dia, e os links para o meu anúncio no Craiglist, e me ligou para falar do assunto. Todo mundo sabe que doar pertences é um possível sinal de alerta para o suicídio. Já estava morta, então o suicídio nem me ocorria, mas a ideia de ter pertences inúteis, sim. Isso inquietou as pessoas que vieram à minha iniciativa pague-o-que-quiser, que não entendiam o conceito de alguém querer se sentar ali e ver as pessoas oferecendo o que quer que desejassem, incluindo coisa alguma, para levar suas tralhas embora. Todo mundo perguntava, às vezes com insistência, por quanto "esperava" vender, digamos, um cachecol de tricô enorme e todo trabalhado. E eu não tinha respostas. Um dólar era o mesmo que dez que era o mesmo que nada. Algumas pessoas ficaram tão confusas com isso que foram embora. Uma mulher pegou braçadas de coisas e me atirou uma nota de 5 dólares.

A única coisa que sobrou depois foi um cardigã vermelho. Deixei-o em uma sacola e o coloquei lá fora, mas ninguém levou. Quando C. por fim reparou no cardigã, ele disse: "Mas você ama aquele cardigã".

Eu amava aquele cardigã? Não sabia dizer se amava C., ou se amava minha mãe, quanto mais um cardigã que usara no meu escritório por mais ou menos um ano. Joguei o cardigã fora.

A consulta para a ECT foi com um psiquiatra chamado dr. Descartes Li.

"Chamar o filho de Descartes", eu disse a C. "Isso é tão, mas *tão* a cara dos asiáticos."

O consultório dele era bem menos aterrorizante do que o hospital em que estava localizado. Mais tarde, C. me diria que, quando se deu conta de que se tratava de um hospital psiquiátrico, começou na mesma hora a elaborar um plano de fuga até o carro no caso de precisarmos "dar no pé". Fico emocionada de um jeito perverso porque, ainda que ele nunca tenha tido de permanecer de fato em um hospital psiquiátrico, ficou suficientemente traumatizado por tabela para que uma decoração dos anos 1970 com carpetes e móveis com cheiro forte, além de uma algaravia aleatória de gritos incoerentes, tenha desencadeado seu instinto de correr na direção oposta.

No consultório, C. disse ao dr. Li que tinha gostado da cadeira dele. Quando disse isso, notei as manchas evidentes na superfície e me perguntei por que C. havia escolhido aquela coisa particularmente perturbadora para elogiar (eram manchas de suor de pacientes assustados ou parentes desesperados deixadas ao longo dos anos?). Em um cesto em cima da estante, o dr. Li tinha um exemplar de *Parafusos: mania, depressão, Michelangelo e eu*, uma graphic novel recém-lançada com um relato autobiográfico centrado na bipolaridade, para a qual apontei. Não, eu disse, não tinha gostado, mas talvez fosse porque não era fã dos desenhos.

Tinha sessenta minutos. Quanto tempo ia ser gasto em conversinha fiada? Ele perguntou pelo meu histórico psiquiátrico, embora já tivesse boa parte desse histórico graças às anotações minuciosas da dra. M. Não havia relógio na sala. Não sabia o quanto devia relatar ou o que deixar de fora.

O ritmo, me disseram na pós-graduação, é um dos maiores desafios dos escritores iniciantes, porque um escritor iniciante quer narrar todas as coisas erradas, ou tudo de uma vez. Um enfermeiro nos disse no hospital em Covington, Louisiana, onde fora internada durante as férias de Natal na casa da família de C., que estávamos ali porque não acreditávamos em Jesus, uma ideia que ele havia generalizado a partir da confissão de agnosticismo de uma jovem durante uma sessão de terapia em grupo. Em outubro de 2013, me disseram que desmaiei em um avião e que passei quatro horas perdendo e recobrando a consciência, que poderia ter tido uma convulsão, que não tinha tido uma convulsão, que não havia nada a ser feito. Eles me disseram para ir para casa e voltar à emergência caso desmaiasse de novo. Eles me deram um exame de neurotransmissores e disseram para enviá-lo pelo correio, o que acabei não fazendo, em parte por causa do extraordinário número de erros ortográficos e gramaticais nas instruções, e em parte porque a dra. M. me disse que essas coisas eram bobagem. Eles me disseram que perdi 9 quilos em duas semanas, mas que o único problema orgânico era uma neuropatia periférica, ou uma dormência e um formigamento nas mãos e pés, o que foi explicado em outubro como sendo o resultado de intoxicação por vitamina B6, uma explicação que mais tarde seria rejeitada. Eles me disseram que meu romance de estreia "ainda estava sendo avaliado" em todas as editoras para as quais fora enviado, o que no fundo não queria dizer nada. Em outubro comecei a colapsar, mas não reconheci aquilo como colapso, e me disseram tanta coisa naquele mês, mas não me disseram que estava perdendo a cabeça de novo.

Um efeito colateral da minha condição era que não me interessava por comida ou esquecia de comer, o que levou à perda de peso. No final de novembro de 2013, as blusas tamanho PP e os vestidos tamanho 34 voltaram a me servir. Fiquei surpresa com a rapidez daquilo.

Quando me olhei no espelho, uma prática que no geral evitava – a alteração neurológica que gera uma desconexão entre o reconhecimento emocional e os rostos se estende ao meu também –, notei que meu corpo mudara drasticamente. Em uma ida ao banheiro, ergui o sutiã, que ficara folgado e triste. Ossos. Algum dia: cinzas. Encomendei um novo sutiã, que era preto com aplicações de renda pêssego.

O sutiã chegou. Eu o vesti. Era, em certo sentido, ridículo na sua sensualidade. Os bojos mal me cobriam. As alças eram feitas para parecer arreios. Era eu, mas também não era eu. Tirei um autorretrato com minha Polaroid da década de 1970. A foto que saiu, na qual estou me esforçando ao máximo para fazer uma expressão encantadora e provocante, eu dei a C.

Detalhes somáticos figuram amplamente nessas recordações: o que vesti, qual era a minha aparência. Dizia a mim mesma, por meio de espelhos e das roupas e das Polaroids e da balança: Você tem um corpo. O corpo está vivo.

Mas, quanto maior o esforço que fazia para me lembrar das várias maneiras pelas quais de fato parecia ter um corpo que se movia, com um coração que bombeava sangue, mais agitada eu ficava. Estar morta esbarrava na pretensa evidência de estar viva, e por isso comecei a evitar essa evidência porque a prova não era um conforto; em vez disso, apontava para a minha insanidade.

Por que fazer essas coisas? Por que me comportava como alguém que estava viva quando acreditava, com diferentes graus de absolutismo, que estava morta? A ideia da danação nunca me abandonou enquanto sofria de delírio de Cotard, mas o grau em que sofria com aquilo, sim. Na maior parte do tempo, conseguia sufocar o sofrimento o suficiente para continuar a – inutilmente, na minha cabeça – escovar os dentes, às vezes lavar o cabelo na pia e relatar meus sintomas para o fantasma que se dizia minha médica.

O suicídio não passava pela minha cabeça, embora já tivesse passado antes, durante minhas depressões. Talvez, se houvesse considerado o suicídio uma opção, não tivesse continuado a fazer o que via como tarefas vazias, e em vez disso teria tentado me matar. Mas, como uma mulher morta, minha condição significava que um suicídio bem-sucedido ia simplesmente me condenar à mesma coisa, ou a um círculo mais profundo e insondavelmente pior do inferno.

Em vez de me matar, assisti ao filme *Tá rindo do quê?*, do Adam Sandler. Não sabia que o cantor e compositor James Taylor fazia uma participação especial no filme. Quando ele apareceu na tela eu pensei, sem autoconsciência: Ah, meu Deus. Não acredito que o James Taylor ainda está vivo, e eu estou morta.

24 de novembro de 2013

Como uma criança pedindo para ouvir uma história na hora de dormir, saí do escritório e me enfiei na cama com C. às seis da manhã. Eu disse: "Conta para mim o que é real".

Fiz perguntas a respeito de tudo. Pedi que me dissesse quem sou, do que gosto, de onde venho, o que faço. Fiz perguntas a respeito dos meus pais. Perguntei se eram reais, ainda que vivam em outro país, e que só os veja uma vez por ano. Perguntei a respeito do presidente, e do vice-presidente. Ele me falou da nossa casa. Ele me falou da nossa vizinhança e da cidade em que vivemos. Ele me explicou de onde era a mobília. Que eu mesma escolhera tudo. Ele me falou da mesa rústica na sala de jantar.

Fiquei ouvindo enquanto ele empregava a lógica para me dizer que estava viva.

"Quando as pessoas morrem", ele disse, "elas são enterradas, e você não as vê mais. Foi isso que aconteceu com o vovô este ano. Não vejo mais ele, mas vejo você".

Nada daquilo resolveu o problema, mas ajudou. Foi tão reconfortante quanto teria sido uma história contada na hora de dormir. Eu lhe agradeci. Ele voltou a dormir, e voltei para o escritório.

Segundo o mito grego, Deméter convoca Perséfone do reino dos mortos uma vez por ano. Imagino a mim mesma como aquela filha pálida, que, na minha imaginação, se habituou tanto a estar entre os mortos que não compreende a transição para o mundo dos vivos. No meu caso, o delírio de Cotard se retira sem alarde. Não há um momento em que olho em volta e me dou conta de que ressuscitei, nenhuma descarga de alegria por ter emergido da danação. Adoeci de outras enfermidades, mais propriamente físicas. Passo por exames neurológicos, ressonâncias magnéticas e tomografias computadorizadas para detectar câncer, e sinto medo, mas tenho consciência suficiente para saber que não há esperança nem mesmo da morte na danação, só mais do mesmo sofrimento terrível. Esse sofrimento não tem relação com a perda, com as feridas ou quem sabe até mesmo com a dor, que são terríveis, mas ainda assim são belas para a mulher morta, que as vê como extraordinariamente humanas e vivas.

L'Appel du vide

Francesca, quando você descobriu que era uma mulher ambiciosa, e como?

Quando sua cabeça começou a se encerrar nela mesma?

Quando foi que você se deu conta de que essas coisas iam tornar sua vida como artista ainda mais difícil do que seria se tudo fosse diferente?

Visitei a retrospectiva de Francesca Woodman no SFMOMA – a mais completa mostra da obra dela até então – no início de 2012. O pico da minha obsessão por Woodman ocorrera quando eu tinha bem menos do que 22 anos, idade em que Francesca Woodman saltou de uma janela e morreu. Na altura em que fui ver suas fotografias pessoalmente, estava com 28 anos; era o inverno em que fui internada involuntariamente na zona rural de Louisiana. Era o inverno em que participava de um programa ambulatorial em São Francisco enquanto tentava manter meu emprego de tempo integral.

Woodman é mais conhecida pelos autorretratos que criou quando era estudante da Rhode Island School of Design. Os temas comuns incluem nudez, reflexos, ideia de movimento e os ambientes decrépitos da série *House*. Ela está debaixo das coisas e atrás das coisas, faz parte do cenário (papel de parede, lareira), aparece distorcida, tem cabelo longo e é pálida. É difícil ver o rosto dela. Na mostra, fiquei surpresa de ouvir sua voz gravada, o que foi inesquecível para mim, e havia um vídeo, algo que eu não esperava; antes da retrospectiva, Woodman existira para mim apenas como um espectro em preto e branco. Na exibição – realizada em um museu estéril, com paredes brancas padrão e um bocado de espaço vazio –, ela parecia ambiciosa de um jeito astuto, totalmente consciente dos próprios dons.

"O pintor constrói, o fotógrafo revela", diz Susan Sontag em *Sobre fotografia*. Podia examinar os autorretratos cuidadosamente elaborados de Woodman para sacar o que havia sob a superfície das imagens dela e tentar descobrir onde era possível visualizar os fios do seu suicídio, como ouro cintilando em uma tapeçaria de resto opaca. O suicídio exige uma narrativa, mas raramente oferece uma, se é que oferece. "Adolescente se mata depois de pais proibirem esmalte preto", diz uma manchete intrigante da minha infância. Por que esmalte preto? Por que o suicídio? Na época não entendi o impulso autodestrutivo, mas entendi depois. Aos 15 anos, mantinha uma lista intitulada "Razões para me matar" nas últimas páginas de um diário, talvez porque entendesse que uma única razão era insuficiente. De acordo com um jornal, Woodman saltou porque estava frustrada com a falta de reconhecimento: "Jovem gênio se mata depois de uma rejeição da Provincetown [Fine Arts Work Center Fellowship]". (O que, por sua vez, era uma forma de reconhecimento em si.)

Aos 16 anos, fui escolhida para participar de um programa de verão no Institute of the Arts da Califórnia, o que também fez de mim uma California Arts Scholar no campo da escrita criativa. No primeiro dia do programa, um homem ficou de pé na frente da sala e desfiou um rosário de nomes diante de nós: essas eram as pessoas que não tinham entrado no programa. No ano seguinte, em outro programa de verão de artes em que estudei gravura e ilustração, conheci uma garota com mechas loiras chamada Clare, que se tornaria minha melhor amiga. Clare, eu descobri, era uma daquelas pessoas no rosário de nomes da CalArts do ano anterior.

Pendurei a medalha de California Arts Scholar num quadro de avisos no quarto, ao lado de uma tira de filme do comecinho de *De olhos bem fechados*. Mas estou o tempo todo perdendo diversos símbolos de conquistas – não tenho a menor ideia de onde estão meus diplomas, ou a medalha, embora continue a me empenhar em mais conquistas e mais honrarias. Em testes elaborados para identificar meus principais valores, *reconhecimento*, para a minha consternação, aparece várias vezes. Ligo para o reconhecimento do mesmo jeito que ligo para a minha própria autoestima, em grande parte porque não confio na minha autoavaliação. Era obcecada pelo garoto que me deu a tira de filme de *De olhos bem fechados*, mas não faço ideia se ia me sentir da mesma forma caso meus sentimentos tivessem sido correspondidos. ("Confundimos simples sentimentos com sentimentos de amor", uma amiga me disse certa vez.)

Woodman vivia, disse o amigo Giuseppe Gallo, pensando obstinadamente em fotografia. Nunca se distraía. "Cada instante da vida de Francesca", ele disse, "foi uma preparação para uma fotografia". Uma pessoa está mais bem preparada com um ou uma modelo sempre à mão, e que indivíduo está mais disponível para ser examinado do que o eu? Há material melhor para fazer arte se alguém for um artista ambicioso ou uma artista ambiciosa, o que Woodman sem dúvida era? Por que não, como escritora, criar ensaios nos quais eu mesma apareço?

Francesca, o que você acha dessas fotografias?

Você entende o que eu estava tentando fazer?

Estava tentando me deixar mais real.

Lidei com um episódio psicótico, quando não tinha uma noção rigorosa de mim mesma ou do mundo à minha volta, fotografando com uma Polaroid sx-70 e uma Contax t2. Era essencial que o processo envolvesse um filme físico. O que era ainda melhor, o filme instantâneo significava um resultado imediato e tangível.

Mais uma vez de *Sobre fotografia*: "Toda fotografia é um *memento mori*. Tirar uma fotografia é tomar parte na mortalidade, na vulnerabilidade e na mutabilidade de outra pessoa (ou coisa)". Tirar uma fotografia, em outras palavras, é tomar parte na própria realidade, ser um membro real do mundo das coisas. Prendi uma fotografia na minha parede com fita; a fotografia, que era da parte de trás da minha própria cabeça, me surpreendeu porque eu tinha me esquecido da marca de nascença na minha nuca – um ponto marrom escuro e borrado deixado à mostra pelo meu cabelo cronicamente curto. Ter aquela marca aparecendo numa fotografia era uma evidência de um eu de que me lembrava. Não tinha, na minha psicose, forjado a prova de que era a mulher que todo mundo alegava que eu era. No fim das contas, a marca de nascença é um significante clássico de identidade. No conto "O ladrão mestre", dos Irmãos Grimm, é a marca de nascença em forma de feijão no ombro dele que convence os pais do ladrão mestre de que o filho havia retornado. De forma ainda mais fundamental, uma marca de nascença implica que nasci – que nem sempre estive aqui. Uma marca de nascença significa a chegada de alguém ao mundo.

O autorretrato fornece uma certa noção de mim mesma. Quase todos os autorretratos que tiro durante uma psicose aguda e prolongada estão borrados e fora de foco. Ao contrário de Woodman, não tento criar esse efeito, algo que acontece porque tenho de calcular um foco preciso antes de esticar os braços diante do rosto. Os autorretratos são difíceis de interpretar; capturam expressões faciais que depois me deixam envergonhada quando os vejo lúcida, porque não os reconheço, e porque são feios em suas tentativas de simular um sorriso. Quando os examino agora, me pergunto *por quê*. Por que cobri o rosto com a mão, sobretudo quando não conseguia ver o meu rosto pelas lentes? Por que a careta? Para quem era aquela performance? Jackson Pollock disse: "Estou interessado em expressar, não em ilustrar minhas emoções", mas olho para essas fotos e vejo tudo menos uma expressão. Em vez disso, há uma aproximação, ou uma ilustração, do que acredito que uma emoção deveria ser.

Outros autorretratos são de sombras – minha sombra se elevando contra uma treliça ao lado da gilbardeira, ou contra um cardigã pendurado no encosto de uma cadeira de madeira. Minha sogra me disse em um Natal, depois de outro episódio de psicose, que eu era parecida com o Peter Pan: "Você só perdeu sua sombra, e vai achar um jeito de costurar ela no pé de novo". Ficava encantada com a congruência entre aquela história conhecida e a crença de que, na morte, a alma sai pelos pés. Quando fotografava o recorte das silhuetas que meu corpo deixava no mundo, me perguntava se havia literalmente perdido a alma. O corpo estava ali, mas alguma outra coisa – algo essencial – estava faltando.

Quando comentavam minha capacidade de me manter funcional, várias pessoas destacam meu primeiro romance como evidência do que conseguia fazer apesar de estar doente. Isso não me consola, porque, embora estivesse deprimida, e muitas vezes com uma ansiedade suicida, e de tempos em tempos psicótica, vejo a autora de *The Border of Paradise* [O limite do paraíso] como uma mulher que em retrospecto estava basicamente bem. Eu teria discordado dessa avaliação na época, mas àquela altura não tinha consciência do quanto, física e mentalmente, podia ficar mal. Rebecca Solnit diz, em *The Faraway Nearby* [O remoto logo ali], que "existe uma serenidade na doença que exclui toda a necessidade de fazer e faz com que apenas ser seja o suficiente", o que não é minha experiência. No fim das contas, uma doença crônica e prolongada tem um jeito diferente de se imiscuir na vida quando comparada a uma doença aguda. Com as doenças crônicas, a vida se sobrepõe à doença a menos que a doença atinja a acuidade; nesse ponto, sobreviver de um segundo a outro é a maior ambição a que consigo me dedicar. A absolvição de fazer mais e de sonhar grande que vivencio durante as cirurgias e as hospitalizações está ausente durante as doenças crônicas.

Durante os piores episódios de psicose, a fotografia é uma ferramenta que meu eu doente utiliza para acreditar no que existe. As fotografias se tornam ferramentas para o meu eu recuperado vivenciar a perda. Há uma ponte, ou *mizpah* – um substantivo hebraico para se referir aos laços afetivos entre as pessoas, sobretudo pessoas separadas pela distância ou pela morte –, entre um eu e o outro. A pessoa recuperada tem a tarefa de traduzir as imagens que a pessoa doente deixou para trás como evidência.

Há talvez cem fotografias que tirei em tempos de psicose. Mostrei pouquíssimas a outras pessoas. É especialmente difícil para mim remexer as imagens de um inverno em particular, e considero essas fotografias um exemplo peculiar do que a memória é e não é capaz de realizar. Olho para essas imagens da fazenda de árvores de Natal e sou sugada na mesma hora para aquele lugar e aquele momento. A ansiedade que permeava aqueles dias retorna. Meu corpo reage com um soco no plexo solar e um formigamento nas extremidades. Ele revive não exatamente a psicose, mas o terror que acompanha a psicose, de uma maneira muito parecida com antigas cicatrizes há muito desaparecidas que reemergem no meu corpo submetido ao estresse como memórias fantasmagóricas que se tornaram visíveis.

Mas há muita coisa dos destroços que não lembro, algo que vejo só agora porque a mulher daquele país da doença aguda tirou fotografias como suvenires e recordações, incluindo retratos de C. nos quais ele está olhando para a câmera com exaustão nos olhos de cílios espessos e com a barba desgrenhada. Agora não suporto olhar para essas imagens. Não preciso, porque consigo ver mentalmente o desespero no rosto dele. Interpreto essas fotos de C. como uma mensagem de algo que na época não consegui enxergar: uma mensagem entregue pela câmera imparcial, entregue por uma fonte externa que queria que eu visse como a esquizofrenia havia devastado o grande amor da minha vida.

Preferiria morrer jovem deixando várias realizações, i. e. algumas obras, a nossa amizade e alguns outros artefatos intactos, em vez de apagar a esmo todas essas coisas delicadas.

(Francesca disse em uma carta.)

Mas, Francesca, o que é que destruiria essas coisas na vida?

Woodman tinha 22 anos quando pulou. Os críticos discutem o que poderia ter feito se tivesse continuado viva. Quando uma ou um artista morre, a arte que nunca foi quase sempre é pranteada com tanto sofrimento – se não mais – quanto o indivíduo em si. O indivíduo, no fim das contas, era de carne e osso. É a arte que é imortal. A obra de Woodman, vista e sentida no ambiente de um museu, parece abreviada. Você caminha até a última sala e encontra a saída, esperando por mais.

O que Woodman quis dizer quando sugeriu a destruição de obras, de realizações, de amizades, o apagamento "a esmo" daquelas coisas a que chamou de "delicadas"? Coisas belas podem ser destruídas porque são aniquiladas por outra: a trivialidade da vida da ou do artista é eclipsada pelo modo como morreu. O aniquilamento também pode ser gradual. "Melhor se apagar num átimo do que desvanecer aos poucos", explicou Kurt Cobain na carta de suicídio. Ele era uma estrela do rock de 27 anos quando atirou em si mesmo, mas a morte o tornou um ícone. Woodman e Cobain são descritos com frequência como gênios.

Há risco de você se ferir ou ferir os outros?
Você tem um plano?

Quando era gerente de laboratório, recebi treinamento na arte desajeitada de elaborar um contrato de prevenção de suicídio com potenciais ou atuais cobaias. Os contratos eram impressos na metade de uma folha de papel branca. A pretensa cobaia tinha de concordar em não se ferir. A pretensa cobaia também tinha de concordar em ligar para a emergência se sentisse que havia perigo iminente de se ferir. Nunca precisei elaborar um acordo como esse, mas me perguntava qual seria sua eficácia. O contrato de suicídio era feito para a gente ou para a cobaia? A gente não queria simplesmente ter a sensação de que estava fazendo alguma coisa?

Certa vez fui a uma reunião na Câmara Municipal de São Francisco em que as pessoas estavam debatendo a instalação de uma "rede de suicídio" sob a ponte Golden Gate, o que talvez fosse deter os suicidas e aparar tentativas de suicídio. O documentário *A ponte* (2006) acompanha um ano de suicídios e tentativas de suicídio tendo como ponto de partida aquela ponte icônica – 24 suicídios reportados no total e inúmeras outras tentativas. Um argumento comum contra a rede tem a ver com a estética da ponte, a silhueta familiar que seria prejudicada por aquele tipo de acréscimo. Fui a favor da rede, mas não sabia se sua instalação ia resultar na redução dos suicídios em São Francisco, ou mesmo se ia resultar na redução dos incidentes na Golden Gate em particular. Convenci um membro do conselho a se tornar favorável à rede dizendo que, como a ponte representa a possibilidade do suicídio, a própria existência dela acaba virando uma tentação. Comparei isso ao antigo desejo do meu marido de ter uma arma em casa. Se houvesse uma arma na casa, eu disse, seria ao mesmo tempo uma tentação e um meio conveniente para o suicídio. Em 2014, São Francisco votou pela instalação da rede. A construção começou em 2017 e a previsão de conclusão é 2021.[33]

Ao instalar a rede, a cidade está dizendo que tem feito alguma coisa em relação às tragédias que ocorrem ali. A rede é uma espécie de contrato de prevenção de suicídio: *Veja só, instalamos a rede; estamos cumprindo nossa parte do acordo, então não tente se suicidar.* O documentário *A ponte* foi inspirado em um artigo da *New Yorker* escrito por Tad Friend, intitulado "Jumpers" [Suicidas]. O último parágrafo diz: "[Construir uma barreira] seria reconhecer que não compreendemos uns aos outros, reconhecer que grande parte da vida é vivida na corda bamba, do outro lado do parapeito".

Francesca Woodman foi uma suicida, mas não uma suicida qualquer. Muitas das vidas que terminam em um salto da ponte Golden Gate não são vidas de pessoas famosas. Não são pranteadas publicamente por causa da perda de coisas belas que nunca serão criadas. Ninguém escreve em uma revista ou jornal que nossa cultura agora está mais empobrecida porque essas pessoas morreram.

Woodman insiste na carta que não ia gostar de "apagar a esmo todas essas coisas delicadas". O que resta da sua vida são, como ela os chama, "artefatos", porque a vida que respira e cujo coração bate é a mais delicada de todas – algo que todos sabemos, ou fingimos saber.

Agora sou mais de dez anos mais velha do que Francesca Woodman era quando morreu, e mais velha do que quando vi a exposição de sua obra no SFMOMA. Ainda sou

---

33   Foi concluída em 2024. [N.E.]

ambiciosa, mas preciso tomar cuidado com a ambição; a doença distorceu minha vida de tal forma que se tornou difícil reconhecê-la como minha. Em 2015, num telefonema com meu representante do plano de saúde, fui informada de que qualquer doença mental é chamada de "condição mental nervosa" no meu plano; deixei de receber o benefício por invalidez porque "condições mentais nervosas" são elegíveis por um período máximo de 24 meses. Fico encantada com a quantidade de doenças que tive nos últimos cinco anos devido à doença de Lyme em estágio avançado e de como o eu de antes dessa época ia ficar chocado ao ver as limitações da minha vida. Tudo o que posso fazer é escrever bem e rezar para morrer em paz. Francesca Woodman nunca teve de ver sua estrela declinar, ou de renegociar suas ideias de ambição, porque já encarou a própria mortalidade, e porque está imortalizada na própria arte.

Chimayó

Quando entrei no consultório da neurologista em 2013 com C., deveria ter ficado óbvio que algo estava tremendamente errado comigo. Lutava para manter os olhos abertos, não por causa da exaustão, mas em função da fraqueza muscular. Se alguém erguesse meu braço, ele despencaria na mesma hora, como se não tivesse ossos. Meu corpo irrompia várias vezes em suores e calafrios inexplicáveis. Além de tudo isso, tive delírios por aproximadamente dez meses naquele ano. Minha psiquiatra suspeitou de encefalite anti-NMDA, que ficou famosa devido à autobiografia de Susannah Cahalan, *Insana: meu mês de loucura*, mas isso não explicava tudo o que havia de errado comigo, incluindo a neuropatia periférica que afetava minhas mãos e pés, meus "desmaios idiopáticos", ou a severa perda de peso que levantou a suspeita de câncer – então fui encaminhada a essa neurologista, que foi descrita pela minha psiquiatra como "inteligente" e "boa na sua área".

"Não acho que você tenha encefalite anti-NMDA, com base no seu histórico", ela disse de forma brusca quando C. e eu nos sentamos em cadeiras idênticas que ficavam de frente para sua mesa de exame. "Estou fazendo isso como um favor para a sua psiquiatra." E então acrescentou: "Algum dia vamos conseguir conectar todas as doenças mentais a distúrbios autoimunes. Mas ainda não chegamos lá".

Em Santa Fé, Novo México, onde eu nunca tinha estado antes de 2017, minha amiga e colega escritora Porochista insistiu que visitássemos o lugar de peregrinação de Chimayó. "Você vai poder escrever algo incrível sobre isso", ela disse. Estávamos no ambulatório de uma clínica de saúde integrativa quando ela disse aquilo, sentadas frente a frente em poltronas de couro enormes com tubos de oxigênio no nariz e agulhas coladas com fita no braço.

Não tinha vontade de ir a lugar algum. Naquela sala de soro, passei por várias aplicações intravenosas de multinutrientes e algumas sessões de solução salina ozonizada de diferentes concentrações, uma das quais me deixou tão enjoada que fui transferida para uma esteira BioMat cara e me deram dois copos de papel: um de chá de manjericão e outro contendo um pedaço de chocolate amargo. Porochista e eu estávamos em Santa Fé para uma rodada de nove dias de tratamentos médicos, e a combinação de doenças crônicas basilares e consultas médicas intensivas, além de refeições semirregulares em restaurantes, foi quase mais do que eu conseguia suportar. Fazer qualquer coisa que exigisse mais do que ficar deitada na cama provocava febre e calafrios, náusea, tontura e dificuldade de respirar. Essa constelação de sintomas foi, em Santa Fé, diagnosticada como sendo o resultado de disautonomia, ou, mais especificamente, síndrome de taquicardia ortostática postural (POTS). Porochista fora diagnosticada com disautonomia no inverno anterior, depois de ter sido atingida lateralmente por um caminhão enorme; a disautonomia também é reconhecida como uma complicação da doença de Lyme crônica ou em estágio avançado, o diagnóstico primário controverso que compartilhávamos.

"Podemos ficar no carro", Porochista disse, falando de Chimayó. "Vamos lá dar uma olhada. Podemos ver como nos sentimos", ela disse, um refrão comum durante aquela viagem, e uma atitude comum entre os que têm uma doença crônica.

A neurologista com quem me consultei em 2013 me pediu exames. Fiz uma ressonância magnética e um eletroencefalograma. Alguém num laboratório num subsolo retirou quinze tubos de ensaio de sangue, e depois dessa sucessão de exames C. e eu esperamos pelos resultados, que poderiam, dependendo, me fazer encarar um conhecimento íntimo da mortalidade, nos oferecer novos diagnósticos e possíveis tratamentos ou não mostrar nada. No fim das contas, a descoberta mais interessante feita a partir daqueles tubos de ensaio cheios de sangue foi a presença de anticorpos para o canal de cálcio tipo Ab P/Q, o que apontava para miastenia grave, síndrome de Lambert-Eaton ou câncer; tanto a ressonância magnética quanto o eletroencefalograma, porém, voltaram sem acusar nada, o que ao fim e ao cabo significava que a neurologista não tinha um diagnóstico para mim. Continuei desnorteada e extremamente doente até ser diagnosticada com doença de Lyme em estado avançado por um novo médico, graças a um exame IGeneX em 2015.

Assim que fui diagnosticada, o novo médico – um conhecido especialista na doença de Lyme (LLMD na sigla em inglês para *Lyme-literate medical doctor*) – me disse que era provável que meu diagnóstico de transtorno esquizoafetivo estivesse relacionado a uma infecção pela bactéria *Borrelia burgdorferi* e chamou minha doença de neuroborreliose, o que implica uma infecção que acomete o cérebro e o sistema nervoso central. Esse diagnóstico não seria fornecido por um médico que não fosse especialista na doença de Lyme, mas estava disposta a acreditar nele. Até então, pensava na minha doença psiquiátrica não só como um dos meus principais identificadores, mas como uma fera muito particular com uma história de origem que a acompanhava. A narrativa da bactéria infectando meu cérebro de repente transformava meu transtorno esquizoafetivo em algo orgânico – um problema em meio a uma constelação de outros problemas, a ser avaliado junto com uma litania crescente de sintomas.

Um diagnóstico de doença de Lyme crônica é uma espécie de sistema de crenças. Nunca, que eu saiba, fui picada por um carrapato; não apresentei a marca clássica da picada. O Centro de Controle de Doenças (CCD), que fornece o referencial a partir do qual os médicos convencionais elaboram os diagnósticos país afora, reconhece que a doença de Lyme *existe* – na década de 1970, os moradores de Lyme, Connecticut, notaram uma epidemia de sintomas médicos que mais tarde foram identificados pelo dr. Wilhelm Burgdorfer como originários de uma espiroqueta transmitida por carrapatos –, mas alega que, "devido à confusão envolvendo o modo como o termo [doença de Lyme crônica] é empregado nessa área, os especialistas não são a favor do uso". Em outras palavras: como a doença de Lyme pode ou não ser a resposta para pessoas que apresentam os sintomas da doença de Lyme, e como "em diversas ocasiões ela foi usada para descrever sintomas em pessoas que não têm nenhuma evidência de uma infecção prévia ou em curso pela *B. burgdorferi*", o CCD se equivoca ao afirmar que a doença de Lyme crônica não é um diagnóstico válido.

Como o CCD não apoia oficialmente um diagnóstico de doença de Lyme crônica, o universo dos que diagnosticam e tratam Lyme crônica e dos que são afetados pela doença existe fora dos parâmetros da medicina convencional. Esse mundo tem uma linguagem, um conjunto de ideias e um arsenal de tratamentos particulares. Vários dos LLMDS são filiados à Sociedade Internacional de Lyme e Doenças

Associadas (ILADS na sigla em inglês), que, conforme anuncia a missão, "é dedicada ao diagnóstico e ao tratamento *apropriados* de Lyme e doenças associadas" (grifo meu). Uma crença basilar da ILADS e da comunidade de Lyme crônica é que o exame de triagem chamado de ensaio imunoenzimático (ELISA na sigla em inglês para *enzyme-linked immunosorbent assay*), que o CCD exige como um elemento necessário para o diagnóstico correto de Lyme, não é confiável e deixa passar 35% da doença de Lyme comprovada em cultura. Em vez disso, os LLMDs utilizam como padrão-ouro um exame do já mencionado IGeneX, descrito como "um laboratório de exames de alta complexidade certificado pelas Emendas de Melhorias em Laboratórios de Análises Clínicas, com experiência em exames das doenças transmitidas por carrapatos". Outra crença basilar da ILADS é que Lyme é "a grande imitadora" e portanto é quase sempre mal diagnosticada como doenças que vão desde síndrome da fadiga crônica (também conhecida como encefalomielite miálgica) até esclerose lateral amiotrófica.

Aceitar um diagnóstico de doença de Lyme crônica é adotar, ao menos em parte, essas crenças. Se tiver os recursos (financeiros, comunitários, cognitivos, emocionais *et cetera*), você vai em busca de um LLMD e dos tratamentos recomendados pelo LLMD, o que significa enterrar uma fortuna em plano de saúde. Ainda estou para conhecer um ou uma paciente com Lyme crônica cujo seguro-saúde, se tiver sorte o bastante para ter um, cubra o tratamento de Lyme crônica – uma lição que aprendi só depois de ter apostado na cobertura do plano de saúde do meu estado e ver o reembolso ser recusado vez após vez. Porochista me disse que gastara mais de 140 mil dólares em tratamento. Uma busca por "Lyme" no site de vaquinhas GoFundMe exibe 51.366 resultados, incluindo "A luta de Sarah contra a Lyme e a fibromialgia", "Salve Kaeley da doença de Lyme", "Ajude Aaron e Nicole a vencerem a Lyme" e "Lições de Lyme: Ajude Caden a sorrir!". Os valores arrecadados variam de alguns milhares a somas de seis dígitos para tratamentos que o CCD não reconhece nem subscreve. Para o CCD, essas pessoas são azaradas, mas não têm alternativas conhecidas; estão perdidas.

Sou uma pessoa que encontra consolo na ciência e na autoridade. Afinal, trabalhava em um laboratório de pesquisa e, quando trabalhava em uma revista de moda e cultura, fui chamada, de forma pejorativa, de "conservadora" pelo editor-chefe durante uma apresentação malsucedida. Mas, por estar tão mal que não conseguia manter um emprego de tempo integral, e por estar ao mesmo tempo sem diagnóstico, tratamento ou esperança, me tornei receptiva à sentença de Lyme crônica quando meu exame IGeneX deu positivo. Pessoas doentes, no fim das contas, geralmente se bandeiam para a medicina alternativa não porque apreciam a ideia de ceder ao que os outros chamam de charlatanismo, mas porque a medicina tradicional ocidental falhou com elas.

Por exemplo, discutindo com a escritora Blair Braverman – uma amiga que também foi diagnosticada com Lyme – um tratamento alternativo e à base de ervas conhecido como protocolo de Buhner, fiquei sabendo que Stephen Buhner compara a Lyme crônica à doença de Morgellons. A doença de Morgellons é aquela doença de arrepiar sobre a qual Leslie Jamison escreve no premiado ensaio para a revista *Harper*, "The Devil's Bait" [A armadilha do diabo]. Jamison está longe de ser indelicada ao descrever as pessoas que acreditam sofrer da doença de Morgellons – uma condição que, segundo dizem, causa a sensação de que algo está rastejando debaixo da sua pele e a erupção de fibras coloridas dos poros –, mas o ensaio deixa bem clara a crença de Jamison de que a doença de Morgellons é uma doença ilusória. "As pessoas testam diferentes curas e comparam anotações: congelamento, inseticidas, vermífugo de gado, cavalos, cachorros", escreve ela. Não é de espantar que Braverman e eu hesitemos diante da ideia de sermos associadas a isso. Então ela me envia fotografias de três páginas de um dos livros de Buhner. De acordo com Buhner, Marianne Middelveen, uma microbióloga e médica micologista, acredita que os sintomas de uma doença do gado chamada de dermatite digital são bem semelhantes aos da doença de Morgellons, até mesmo as lesões e a "formação anormal de filamentos". As bactérias nos locais das lesões são basicamente espiroquetas, assim como a bactéria *Borrelia burgdorferi* da doença de Lyme. Mas, independentemente de a doença de Morgellons ser "real" ou de se originar de uma bactéria como a doença de Lyme, não consigo mais me colocar a uma distância confortável "dessas pessoas" que se autodiagnosticam com a doença de Morgellons. Estamos, no fim das contas, ligadas pelo desespero derivado do sofrimento, e derivado de um sistema de medicina convencional que não apenas não tem nenhum método para aliviar esse sofrimento como também nos acusa de ter uma patologia psicossomática.

Quando meu LLMD, um homem ao qual fui encaminhada por outro médico – ao qual fui encaminhada por um massagista/praticante de Reiki –, disse: "Você definitivamente tem doença de Lyme crônica", estava preparada para acreditar nele. Talvez seja mais correto dizer que estava preparada para tentar acreditar nele.

Durante um ano, na época em que as minhas alucinações e delírios eram relativamente recentes, pensei em virar católica. Esse pensamento não estava relacionado à psicose; estava noiva e prestes a me casar com um católico, e encarava a questão da conversão, que é obrigatória para uma cerimônia católica se as duas partes ainda não fazem parte da Igreja. A mulher de nosso amigo, por exemplo, havia se convertido por ele. Em um bar em New Orleans, a crivei de perguntas a fim de entender como ela soube que aquela era a coisa certa a fazer. Devia ter me dado conta, antes de perguntar, de que ia ficar insatisfeita independentemente da resposta; não há resposta a essa questão esotérica que iria ajudar uma alma questionadora.

Ainda assim, fiz o que fizera a vida inteira quando confrontada com algo que não entendia: li sobre o assunto. Li Thomas Merton e C. S. Lewis e *A sabedoria dos jesuítas para (quase) tudo: espiritualidade para a vida cotidiana* e a Bíblia Sagrada e guias para o *examen* jesuíta e as *Confissões* de Santo Agostinho e as *Revelações do amor divino* de Juliana de Norwich. Fui à missa na igreja católica no final da rua, onde fiquei de pé e me sentei nos momentos apropriados, cantando "Glória" em coro, e compartilhei o sinal de paz com os vizinhos, embora nunca tenha reunido a coragem para me aproximar do altar para a bênção enquanto os outros, incluindo C., tomavam a Comunhão. Ele e eu tivemos longas conversas sobre Deus e fé – estava cheia de perguntas, e ele respondeu o melhor que podia, às vezes tirando o Novo Testamento da estante para dar as respostas.

O catolicismo me atraía, e ainda atrai. A estética do catolicismo, que está enraizada no misticismo e no ritual, e que muitas vezes inclui latim, incenso e velas, fez vibrar um acorde no meu coração. Respeito o intelectualismo da tradição jesuíta. E ainda assim ia à missa, e ia ouvir as pessoas à minha volta recitar de cor, em uníssono, a profissão de fé, que começava com –

> Acreditamos em um Deus, o Pai, o Todo-Poderoso, o criador do céu e da terra, de todas as coisas visíveis e invisíveis. Acreditamos em um Deus, Jesus Cristo, o único Filho de Deus, gerado pelo Pai antes de todos os séculos, Deus de Deus, Luz da Luz, verdadeiro Deus de verdadeiro Deus, gerado, não feito, de Uma Só Substância com o Pai [...]

– e me perguntava se alguma vez iria conseguir pronunciar essas coisas em voz alta, acreditando corajosamente em cada palavra que cruzasse meus lábios. Tenho certeza de que existem algumas pessoas que se convertem sem necessariamente acreditar na profissão inteira, mas sabia que não conseguiria fazer tal coisa de, por assim dizer, boa-fé. No fim das contas, não fiz.

Chimayó é uma cidade com 31.700 habitantes, e El Santuario de Chimayó, que seria nosso destino, é um local de peregrinação onde as pessoas rezam por milagres, sobretudo milagres de cura. Construído no local de um milagre, El Santuario contém *el pocito*, um pequeno poço cheio de terra sagrada da qual se diz que tem poderes de cura. Uma seção no site de El Santuario, intitulada Testemunhos, inclui isto: "Disse a ela que ia lhe enviar por FedEx um pouco da terra sagrada para que chegasse a tempo. [...] Na noite anterior à cirurgia da Ruby, o Tony e o Steve pegaram a terra e a esfregaram no corpo da Ruby e rezaram. [...] Para a surpresa deles, o médico foi até eles na sala de espera e disse que a Ruby no fim das contas não precisava da cirurgia!". E isto: "Vou admitir que estava um pouco assustada no início, mas minha tia e minha mãe me convenceram a não me preocupar e não temer. [...] Segui os passos e esfreguei a terra na região das minhas pernas que estava doendo. [...] Na manhã seguinte acordei e senti pouca ou nenhuma dor nas pernas".

A doença me leva a lugares como esse. No inverno anterior, durante uma visita aos meus sogros em New Orleans, eu fora à capela de São Roque, construída depois que o padre Peter Thevis rezou a São Roque pedindo que poupasse seus paroquianos da febre amarela. A doença assolava a região inteira, e o padre Thevis descobriu que sua comunidade estava, de fato, milagrosamente salva. Desde então, a capela de São Roque se tornou um lugar onde aqueles que estão à espera de curas milagrosas não apenas rezam por uma intercessão, mas também deixam para trás símbolos dos seus males como oferendas, uma vez curados.

A capela era bem menor do que eu antecipara – menor do que qualquer igreja que já tivesse visto, menor do que uma cantina de escola. Não havia visitantes ou turistas além de C., da irmã dele, do namorado dela e de mim. Uma estátua de São Roque acenava, pintada em tons pastel. Usando um chapéu de abas largas, com um bigode e cavanhaque, ele tinha a leve aparência de um conquistador bonachão. Ao lado, em uma sala fechada e gradeada com cerca de 1 metro por 1 metro de tamanho, ficavam pendurados membros artificiais e muletas, além de placas caseiras e miniaturas de cães, corações e cruzes. Esses itens servem tanto como decoração quanto como símbolo; um olho de vidro é um olho de vidro, pequeno e coberto de poeira feito uma bola de gude desproporcional, mas sugere uma visão recuperada, sofrimento e esperança para qualquer um que o perceba.

Pendurada na parede do meu quarto está uma citação atribuída a Joana d'Arc: "Não tenho medo. Nasci para fazer isso". Seja qual for o desenrolar da minha vida, é o que penso, é desse jeito que devo vivê-la; seja como for que minha vida corra, fui feita para suportá-la.

Eu levara à capela uma pedra querida estriada de linhas brancas. De acordo com o que lera, devia deixar alguma coisa apenas quando fosse curada – mas minha intuição me disse para deixar algo naquele momento, então me ajoelhei e atirei a pedra por entre as barras da grade. Fiz uma oração desajeitada enquanto o sol se encolhia através das janelas no pequeno cômodo. Ela provavelmente ainda está lá.

A crença de que doenças mentais do nível das do DSM podem estar ligadas a doenças do corpo, e particularmente a doenças autoimunes, como propôs minha neurologista, vem ganhando força. No artigo da revista *The Atlantic* "When the

Body Attacks the Mind" [Quando o corpo ataca a mente], o jornalista Moises Velasquez-Manoff, autor de *An Epidemic of Absence: A New Way of Understanding Allergies and Autoimmune Diseases* [Uma epidemia de ausência: uma nova maneira de entender as alergias e as doenças autoimunes], descreve o pesadelo vivenciado pela família Egger quando Sasha, de 13 anos, começou a apresentar sintomas psicóticos de repente. Um especialista diagnosticou Sasha com transtorno bipolar, prescrevendo em seguida antipsicóticos; a mãe de Sasha, uma psiquiatra pediátrica que compreendia a improbabilidade de uma doença mental de início súbito, insistiu até encontrar um neurologista que suspeitou de outra coisa: uma variante autoimune de encefalite. Com infusões de anticorpos usados para tratar ataques autoimunes, Sasha "melhorou quase instantaneamente". "Se um transtorno cerebral autoimune pode ser tão parecido com doenças mentais", pergunta Velasquez-Manoff, "então o que, de fato, são essas doenças?".

Segundo o campo em expansão da neurologia autoimune, o sistema imunológico pode realizar um ataque equivocado ao sistema nervoso central ou periférico de uma pessoa. O diagnóstico anteriormente aventado para mim, de encefalite anti-NMDA, é um desses exemplos – o transtorno se manifesta quando o sistema imunológico ataca os receptores NMDA do cérebro, resultando em uma gama caótica de sintomas tais como disfunções da fala, alucinações, delírios e perturbações cognitivas e comportamentais –, em outras palavras, sintomas que lembram os de esquizofrenia. Em um estudo realizado em 2006 por William W. Eaton et al., que liga três bancos de dados dinamarqueses existentes, os pesquisadores concluíram que "um histórico de qualquer doença autoimune estava associado a um aumento de 45% no risco de esquizofrenia".

A doença de Lyme pode ter agravado minha condição psiquiátrica existente desencadeando uma reação imunológica.

Ou, como meu LLMD acredita, a Lyme pode ter infectado diretamente meu cérebro, causando os sintomas que levaram a um diagnóstico de transtorno esquizoafetivo. Talvez eu não tenha doença de Lyme crônica em absoluto, mas outra coisa que pode ou não ser reconhecida pelo CCD. Durante anos, a dra. M deu a entender que minha doença incapacitante era uma consequência de um transtorno de estresse pós-traumático complexo, o que interpretei como uma maneira formal de me dizer que estava tudo na minha cabeça, uma forma de histeria. Mais recentemente, ela tentou me persuadir a fazer psicanálise, jurando que conhecia psicanalistas que ajudaram um bocado seus pacientes. Não é suspeito, ela perguntou, eu ficar exausta depois de me envolver em atividades extenuantes voltadas para a carreira? Ela supõe que esse tipo de exaustão seja um tipo de autossabotagem punitiva por qualquer migalha de sucesso. Hoje em dia digo às pessoas que tenho as duas coisas, doença de Lyme e transtorno esquizoafetivo, e, até onde sei, acreditam em mim.

Porochista e eu fomos a Chimayó na terça-feira depois do tratamento de infusão. Uma velha amiga dela chamada Amy nos levou até lá de carro, e elas conversaram como velhas amigas a respeito do passado e do presente enquanto eu ficava sentada no banco de trás, vendo o deserto passar, preocupada se meu corpo ia aguentar firme – uma preocupação diária e incessante diante do que quer que a vida exija de mim.

Essa preocupação se inflamou quando Amy estacionou o carro e se desculpou pela distância que teríamos de andar. Porochista, que usava uma bengala conforme a necessidade e carregou uma consigo durante toda a viagem, lhe assegurou que ia dar tudo certo, e murmurei um assentimento, sem querer verbalizar a apreensão para uma mulher que havia faltado ao trabalho para nos levar àquele lugar sagrado. Andamos do carro até um caminho que levava a uma coleção de prédios pequenos que constituía El Santuario; de ambos os lados do caminho havia cercas de arame enfeitadas com rosários e cruzes, presos e amarrados com barbantes ou fios aos elos. As cruzes eram de madeira, e frequentemente tinham nomes escritos, ou mensagens como MARIA ROGAI POR NÓS. Embora o tempo estivesse gelado durante a maior parte de nossa estada em Santa Fé, estava ensolarado quando chegamos a Chimayó. Deixei meu pulôver de pele falsa no carro, apostando que não ia precisar dele de novo – havia, no fim das contas, pouca chance de eu dar meia-volta e voltar ao carro para buscá-lo quando quer que fosse.

Em uma fileira comprida de barracas de madeira, as pessoas tinham prendido fotos de entes queridos nas paredes. Um cartaz instruía os visitantes a rezar por aquelas imagens que se viam ali: pessoas de todas as idades, gêneros e etnias, incluindo as que apareciam robustas e saudáveis, e aquelas fotografadas em leitos de hospital com lençóis finos em tons pastel cobrindo os peitos ossudos. Essa colagem me lembrou de quando andei pela estação Grand Central logo após o 11 de Setembro, onde havia folhetos tristes com DESAPARECIDO por toda parte – folhas de papel avassaladoras e fúteis com o rosto dos ausentes estampado. E também havia pessoas desaparecidas aqui – fotos de soldados que haviam sumido no Vietnã.

Bati fotos com a câmera. Tirei algumas no celular. O papel de parede da minha tela de bloqueio era uma estátua de Joana d'Arc com a palavra "Esperança" escrita em dourado. Vi El Santuario como tendo sido construído a partir da esperança, que é diferente de fé. A esperança é uma linha lançada em busca de peixes; a fé é a crença de que você não vai morrer de fome, ou de que, se morrer, a tragédia fazia parte do plano de Deus. Minhas orações matinais começam com "Abençoado Mistério, agradeço por [...] e Abençoado Mistério, eu poderia [...]". A remissão aparece vez após vez neste último: *Eu poderia melhorar.*

Andamos por entre os pequenos altares, esmagando folhas sob os pés. Velas devocionais, flores de seda, rosários e pedidos rabiscados estavam amontoados em torno de estátuas de Nossa Senhora de Guadalupe e Nossa Senhora de La Vang e de um mosaico de São Francisco. Entalhadas acima de uma estátua estavam as palavras AVE MARIA CHEIA DE GRAÇA, O SENHOR É CONVOSCO [em inglês] e DIOS TE SALVE MARIA, LLENA ERES DE GRACIA, EL SEÑOR ES CONTIGO. Havia um abrigo para as comunidades dos povos originários locais, e havia o Restaurante da Leona, que anunciava *Frito pies* e *nachos*, mas aparentava estar fechado.

A igreja em si era bem menor do que praticamente qualquer igreja católica que visitei, de madeira e rústica. Amy sussurrou que El Santuario enfatiza o sofrimento e a morte em oposição à ressurreição, e é verdade – um Cristo macabro na cruz é marcado com feridas abertas, e as Estações da Cruz são sombrias com a violência das suas representações de Cristo condenado. "Embora fosse o Filho de Deus, ele aprendeu, por meio do sofrimento, a ser obediente", lê-se em Hebreus 5:8. Também os crentes sofrem, já que 2 Coríntios 1:5 nos diz que "como as aflições de Cristo são abundantes em nós, assim também nossa consolação é abundante por meio de Cristo". Nunca me tornei católica, mas com a doença me tornei faminta por um entendimento do sofrimento; se conseguisse entender o sofrimento, talvez pudesse sofrer menos e até mesmo encontrar consolo na compreensão. Os livros que consultei incluíam *Em busca de sentido* e *Sem lama não há lótus*, que sugerem, respectivamente, a logoterapia e o budismo. O que acho difícil é não procurar por uma saída de emergência para fugir da dor, seja por meio de remédios, álcool ou da busca obstinada por uma cura. Quando sofro, estou sempre procurando uma saída.

E nos fundos de El Santuario, depois de ter mergulhado na agonia de Cristo, encontramos a saída – a esperança –, *el pocito* com o chão de terra, onde mal cabiam três pessoas de cada vez recolhendo a terra sagrada miraculosa. Era o lugar onde, um cartaz nos disse, o crucifixo do Senhor de Esquipulas foi encontrado por Don Bernardo de la Encarnación Abeyta em 1910 – o milagre que deu origem a El Santuario de Chimayó. Na parede da sala, um cartaz diz:

SE VOCÊ É UM FORASTEIRO, SE ESTÁ CANSADO DAS LUTAS DA VIDA, TENHA VOCÊ UMA LIMITAÇÃO, TENHA VOCÊ UM CORAÇÃO PARTIDO, SIGA A LONGA ESTRADA DA MONTANHA, ENCONTRE UM LAR EM CHIMAYÓ. — G. Mendoza

Para remover a terra sagrada, usamos pás infantis de cor laranja e preta que estavam meio enterradas no poço. A terra era mais um lodo, e brilhava à luz do sol que entrava por uma janelinha. Nenhuma de nós trouxera um recipiente, então andamos com cuidado com a terra nas mãos em concha até a loja de suvenires, onde compramos recipientes decorativos para levá-la para casa.

Ao lado de uma das várias lojas de suvenires de Chimayó havia um pequeno museu. Nesse museu de um cômodo, fiquei sabendo por uma placa informativa enorme que em 1977 um homem de 21 anos chamado Jose Rodriguez carregou uma cruz de 113 quilos e quase 3 metros de altura em uma caminhada de 50 quilômetros da Capela do Rosário até Chimayó. Quando lhe perguntaram por que fez essa peregrinação, Rodriguez respondeu que estava apenas cumprindo uma promessa que fizera ao Senhor três meses antes. A promessa em si nunca foi relatada, nem o desfecho, se alguém quisesse saber, da jornada dele, o que equivale a dizer isto: um jovem andou uma boa distância com um fardo pesado até o lugar de um milagre.

Duas semanas depois de eu ter voltado a São Francisco, minha psiquiatra deu início ao processo de me encaminhar para um especialista em Stanford. Isso se deveu a um artigo acadêmico com o qual ela se deparara em seus estudos, sobre outra mulher que também tinha anticorpos para o canal de cálcio do tipo Ab P/Q e sintomas de disautonomia. Depois do tratamento com plasmaférese, me disse minha médica, a mulher estava curada, e então teve início o longo processo de conseguir a autorização do meu plano de saúde para me enviar para um médico do Programa de Transtornos Autonômicos de Stanford, que está instalado no Departamento de Neurologia e Ciências Neurológicas da Faculdade de Medicina de Stanford.

Fui informada de que novecentas páginas de registros médicos meus foram enviadas para Stanford. Na própria autorização de encaminhamento, listaram dois diagnósticos meus: transtorno esquizoafetivo do tipo bipolar e neuropatia periférica idiopática. Não havia menção à fibromialgia, ao TEPT complexo, à disautonomia/POTS, à doença de Lyme crônica ou a qualquer um dos outros diagnósticos que recebera ao longo dos anos.

A possibilidade de descobrir algo novo me entusiasmava, e aguardei a consulta com fervor. Na altura em que fui ver o dr. J no Programa de Transtornos Autonômicos de Stanford, usava uma bengala para ajudar com a fadiga e a tontura e rezava por alguma sacada nova e perspicaz. Esperava uma declaração. *Aqui está*, ele diria, *a coisa que vem sustentando seu sofrimento nos últimos cinco anos*. Porém as doenças, como a geografia das esquizofrenias, raramente são tão simples. Numa manhã de terça-feira, o dr. J finalmente me examinou. Fez perguntas. Cutucou e olhou e pediu exames. C. e eu fomos para casa nos sentindo, como C. disse, cautelosamente otimistas.

Recebi um longo relatório, que foi enviado aos meus médicos semanas depois. O dr. J mencionava meu LLMD, desdenhando dele com a descrição de que "supostamente é um especialista em Lyme"; ele me dissera diretamente no consultório que eu parasse de buscar tratamento para a doença de Lyme crônica. No relatório, cada descoberta incomum era precedida pela palavra "surpreendentemente", como em: "Surpreendentemente, ela apresentava nistagmo leve" e "Surpreendentemente, apresentava reflexo glabelar aumentado" e "Surpreendentemente, o de Romberg era um tanto positivo para a direita".

"A sra. Wang é um caso interessante", disse ele, e concluiu com: "Foi bom ver a sra. Wang. [...] Vou organizar a comunicação com seu consultório a respeito do encaminhamento, mas ficarei feliz em vê-la no futuro, se necessário".

Esperança, escrevo no diário, *é uma maldição e um dom.*

Todos os resultados dos exames deram negativo. As pessoas me parabenizaram por essa notícia, mas busquei conforto naquelas que compreendiam que resultados negativos de exames significavam ausência de respostas – significavam que o interesse do dr. J no meu caso, e portanto no meu sofrimento, diminuiria –, significavam que não havia nenhuma trajetória de tratamento a seguir e nenhuma cura no horizonte. Desde então, continuei a ter febres mensais e fadiga diária, bem como uma constelação de outros sintomas que foram levados, entre tanta gente, a um cardiologista. Nesse meio-tempo, estou melhor agora em 2018 do que estava em 2016, e melhor naquele ano do que nos quatro anos anteriores, o que parece indicar alguma coisa – mas não tenho certeza do quê. Tudo o que posso esperar agora é uma remissão espontânea.

Tomo Haldol e Seroquel, dois antipsicóticos poderosos que são aditivos químicos estranhos ou medicamentos essenciais que me mantêm estável. Não estou disposta a experimentar para descobrir qual das duas coisas é a real. O Haldol não é muito usado hoje em dia, assim como os IMAOS (inibidores da monoamina oxidase) são antidepressivos infinitamente menos populares que os ISRS (inibidores seletivos da recaptação de serotonina); um amigo da Geração X me disse que atualmente é uma "moda" os *millenials* abusarem da droga soporífica mais recente, o Seroquel, o que achei bizarro. Tenho uma psicose leve vez ou outra, mas não acho possível que algum dia fique totalmente livre das esquizofrenias. Elas estiveram comigo por tempo demais, acho, para desaparecerem, ao contrário desses males mais recentes, que parecem integrar a narrativa errada e fazem eu me perguntar quantos tipos diferentes de garota doente posso ser.

Fazer a curva

Numa manhã de inverno, embaralhava cartas de oráculo de olhos fechados e percebi que, apesar da escuridão, ainda conseguia enxergar o que estava acontecendo diante de mim. Lá estavam, bem nítidos, os detalhes das minhas mãos, com os movimentos de cada dedo, com todas as contrações de todas as juntas fininhas; conseguia enxergar as cartas, que não estavam claras o suficiente para que as distinguisse totalmente, mas exibiam a superfície borrada e colorida em linhas gerais. Decidi testar essa capacidade de outra forma segurando canetas coloridas escolhidas de forma aleatória de um estojo diante dos meus olhos fechados. O teste da caneta demonstrou que eu também conseguia "enxergar" as cores por detrás das pálpebras – de forma imperfeita, sim, mas suficientemente bem para compreender se estava olhando para uma cor clara ou escura, e apontei para o rosa-choque no mesmo instante.

Escrever em um diário e tirar cartas divinatórias eram atividades que se tornaram parte da minha vida cotidiana no início daquele ano, quando lutava contra a psicose e me esforçava para tornar o mundo mais coerente; descobri que as cartas do tarô e de oráculo ofereciam uma estrutura decente a partir da qual dar sentido a uma existência fraturada. As cartas de tarô variam de baralho para baralho, dependendo de quem as desenhou e/ou criou, mas no geral seguem uma estrutura de 78 cartas de Arcanos Maiores, compostos de 22 arquétipos, do Louco ao Mundo, e de Arcanos Menores, compostos de 4 naipes de 14 cartas cada (paus, ouros, espadas, copas), de ases a reis. Cartas de oráculo oferecem maior variedade; o tema e o conteúdo delas dependem inteiramente de quem as criou. O que mais utilizei naquele inverno tinha ilustrações em aquarela: "Redefinir Limites", dizia uma carta; "Eu Superior", dizia outra. Fosse qual fosse a carta que tirasse, aquilo servia ao propósito duplo de antecipar a configuração que o dia poderia assumir e de me fornecer uma configuração a partir da qual compreender os eventos do dia. E, naquele dia de 2013, eu conseguia enxergar com o que alguns chamariam de clarividência.

Mas o dia seguiu seu curso e a estranha capacidade foi me abandonando pouco a pouco, como se uma cortina pesada estivesse caindo, até que, quando fechei os olhos, só havia escuridão. Se fechar os olhos agora, ainda enxergo apenas essa escuridão comum.

De início mencionei isso apenas para C., e então para um ou dois amigos próximos. Brinquei com eles que, considerando o que as habilidades sobre-humanas podiam alcançar, ser capaz de enxergar o que está na minha frente de olhos fechados era algo bem patético. Certamente não poderia fazer disso um espetáculo itinerante. E minha "visão sem visão" só voltou a se manifestar uma outra vez, em 29 de setembro de 2014, quando não estava psicótica: de novo me dei conta de que conseguia enxergar o mundo de olhos fechados. De novo testei a mim mesma com canetas coloridas e descobri que era precisa. Pedi conselho a uma amiga mística, que me disse para contemplar o que quer que me parecesse obscuro na época.

Minha resposta:

Então depois de um montão de imagens fugidias – uma garota apertando um livro de encontro ao peito e despencando no oceano – afundando por muito, muito tempo, o cabelo flutuando – atinge o fundo e então ricocheteia de volta à superfície, ofegando, ainda agarrada ao livro, no meio do nada – olhando em torno – aparece um bote salva-vidas e ela luta para subir nele – ela sobe nele, deixa o livro cair, pega o livro – fica sentada no bote por um bom tempo – no fim o bote colide com uma ilha & ela vai até a ilha, que é basicamente um monte enorme e pontudo – quando chega lá em cima, o livro explode nos braços dela como um pássaro branco que sai voando – o pássaro fica subindo por um bom tempo (a essa altura eu não tinha certeza do que ia acontecer, porque parecia que o pássaro ia ficar subindo para sempre) – no fim ele explodiu em uma luz branca que se espalhou pelo céu inteiro, encapsulando o universo.

A cortina voltou a cair algumas horas mais tarde. Não voltei a experimentar essa capacidade desde então.

Se você tem curiosidade de saber se as suas experiências incomuns são sinais de doença mental ou habilidade paranormal, a internet fica feliz em oferecer uma opinião. Fóruns dedicados à saúde mental em geral e à esquizofrenia em particular estão repletos de discussões com títulos como "Você notou uma habilidade paranormal desde que virou esquizofrênico?", "Esquizofrenia ou médium?", "Sou paranormal ou um esquizofrênico maluco?" e "Psicose e poderes paranormais?". Alguns concluem que a psicose e a habilidade paranormal são mutuamente excludentes, ao passo que outros concluem que estão de fato sofrendo de um transtorno psicótico, mas também podem ser dotados de uma habilidade sobrenatural. São dois modos possíveis de olhar para o lado positivo de um transtorno no qual poucos enxergam algum benefício.

O que torna a psicose uma condição que parece aberta à interpretação segundo a qual é uma habilidade, e não uma doença? Por um lado, muitos diagnósticos psiquiátricos se baseiam no "sofrimento" como critério – você pode aparecer no consultório de um médico com os sintomas característicos da depressão, mas, se não estiver sofrendo, sua condição não vai atender aos critérios do transtorno depressivo maior. A esquizofrenia é um diagnóstico que não requer a presença do sofrimento como complemento dos outros sintomas, o que deixa espaço para a interpretação; sem a angústia, um sintoma pode ser um atributo bem-vindo e portanto uma habilidade.

Em *Legion*, uma série de 2017 baseada em um quadrinho da Marvel, David Haller é um homem com esquizofrenia, ainda que as propagandas sugiram, tentadoras, que ele possa "ser mais do que humano". A série parte do princípio de que, embora David esteja internado no Hospital Psiquiátrico Clockworks, seus sintomas não são sinais de patologia, mas de dons sobrenaturais. A descrição de uma única linha do primeiro episódio no site da FX diz: "David analisa se as vozes que ouve podem ser reais". Como essa é uma história que se passa no universo da Marvel, podemos supor, sem assistir à série, que a resposta a essa questão é: "São reais". Assim como em *Uma mente brilhante*, o espectador é forçado a vivenciar a realidade como sendo tão desconcertante quanto para David. Emily Nussbaum, da *New Yorker*, descreve os efeitos visuais surreais da série, acrescentando que "essa surrealidade preciosa transforma tudo em teatro; também nos obriga, como David, a absorver o que vemos sem saber se podemos confiar na nossa percepção". Mais adiante no texto, ela indica que *Legion* "é um desses seriados que tratam a doença mental [...] como metáfora para indicar alguém que é especial; então, se você tem algum problema com essa abordagem, ele não será a melhor escolha". Em conversas no Twitter a respeito do seriado, os espectadores se perguntam se a narrativa da loucura-como-superpoder é, de fato, prejudicial à causa da defesa da saúde mental, fazendo com que indivíduos delirantes evitem buscar ajuda porque acreditam na própria habilidade mágica – mas essa crença dificilmente pode triunfar sem a ajuda do seriado da FX.

Quando comecei a alucinar, em 2005 – primeiro ouvindo uma voz, e então vendo o que não estava ali –, minha mãe sugeriu que esses sintomas podiam não ser patologias, mas dons espirituais. De acordo com a superstição chinesa, experiências alucinatórias iniciais podem ser indicadores de que alguém está predestinado a ser um "leitor de almas", uma habilidade similar à do médium ou vidente. "As pessoas usam isso como uma carreira", ela me disse, "não se assuste". Ninguém mais tinha tentado me oferecer um ponto de vista para encarar meus sintomas que fosse além daquele da doença mental.

Aqui e ali, ao longo da década seguinte, eu ia avaliar a utilidade de enxergar a psicose como uma habilidade: podia melhorar minha saúde mental se pensasse no transtorno esquizoafetivo como uma ferramenta para ter acesso a algo útil, em vez de como uma patologia aterrorizante. Como diz Viktor Frankl no livro *Em busca de sentido*, queremos que o nosso sofrimento, se tiver de ser suportado, signifique alguma coisa. Ainda assim, não tenho a menor ideia do que essa crença seria na prática.

Minha amiga Paige e eu nos conhecemos em 2014 por meio de uma amiga em comum. Ela é uma introvertida gregária e é dona de uma risada magnífica com um ronquinho. Seu cabelo na altura da cintura quase sempre está trançado no estilo Píppi Meialonga. Ela se descreve sem ironia como "uma bruxa que ama pizza" e oferece serviços místicos que vão de leitura de cartas de tarô a mediunidade e viagens xamânicas. Durante anos, ela vinha todas as terças-feiras para trabalhar comigo. Mais de uma vez atrasou o trabalho que pretendíamos fazer com uma história, digamos, sobre ajudar uma garotinha assassinada – cujo espírito infeliz estava preso ao apartamento de Paige Tenderloin – a fazer a passagem. Continuo aberta a essas histórias porque não acredito que ela fosse inventá-las. Ela alinha suas crenças com a frase de Picasso: "Tudo o que você for capaz de imaginar é real".

Também fui apresentada a J., uma artista com tendências ocultistas e um fraco por Chanel. Ainda preciso encontrar com ela pessoalmente, mas conversamos por telefone de vez em quando; aumento o volume para captar sua voz tênue pelos fones de ouvido. Certa vez ela descreveu a experiência de ir para a Itália pela primeira vez. Ficou emocionada, ela me disse, com os sons de séculos de vida italiana que ouviu, incluindo uma cacofonia de vozes antigas num italiano fluente.

Na amizade com essas mulheres, tentei imaginar se um psiquiatra se sentiria confortável em arriscar um diagnóstico com base nas suas experiências sensoriais aparentemente lógicas – particularmente nas experiências sensoriais que lembram mágica. A recordação italiana de J. me faz pensar nos sonhos lúcidos que tenho, nos quais atravesso uma multidão e consigo ver distintamente cada rosto individual. Quando estou dentro do sonho, fico maravilhada com a capacidade do meu cérebro de conter tantos rostos, todos eles estranhos, e me pergunto se foram inventados ou se são desenterrados da memória. Embora as duas lutem com a depressão recorrente, nem Paige nem J. foram diagnosticadas com um transtorno psicótico, incluindo qualquer um no reino das esquizofrenias.

Foi Paige quem me apresentou à mentora espiritual que ambas compartilham, Briana (Bri) Saussy, que toca um próspero negócio on-line com o próprio nome e o slogan "Artes sagradas para quem está numa busca emocional". Quase sempre falta rigor na instrução no que poderia ser chamado de bruxaria ou ocultismo – o que Bri apelida de "artes sagradas". Não é assim que as coisas funcionam com Bri, que tem bacharelado e mestrado em letras clássicas, história da matemática e da ciência e filosofia pelo St. John's College, e que se preocupa em manter a solidez da pedagogia ao lado de uma vida de oração e bênção. Bri também se tornou, e ainda é, minha mentora espiritual – alguém com quem converso mensalmente por telefone e troco e-mails com regularidade. Quando a procurei, estava intrigada com a ideia de encontrar uma maneira de dar sentido às minhas idiossincrasias e ansiedades. Quando mencionei isso para Bri, ela riu e disse: "Sinto muito por falar isso, mas a crença não simplifica a vida".

Minha primeira conversa telefônica com Bri foi uma consulta paga. Contei a ela que fui diagnosticada com transtorno esquizoafetivo e que tive um diagnóstico posterior de doença de Lyme em estágio avançado. Depois que ela me incitou a falar da minha vida onírica, lhe contei minha história com os sonhos lúcidos, os problemas atuais com pesadelos e o TEPT, as experiências aparentemente psíquicas, as alucinações e os delírios.

Ela disse: "É muito interessante para mim que você começou tendo a sensação de que estava morta – e, se entendi direito a ordem das coisas, essa sensação surgiu na altura do início da doença de Lyme. Quando escuto isso, [parece que] isso poderia fazer parte de um delírio paranoico, mas você *tinha* uma doença crônica no corpo, e era uma doença da qual não estava ciente. Vejo isso talvez como uma maneira bem dramática de sua alma dizer ao restante: 'Ei, temos um problema aqui'". Bri apontou para minhas experiências incomuns como indicadores de eu ser "necessariamente liminar". Um termo que ela usa com frequência é "à flor da pele". Como ela explica, pessoas à flor da pele têm percepções muito amplas; percebem o que está acontecendo em outro reino. Indivíduos à flor da pele, ou sem pele, começarão a pensar que são loucos porque veem, pressentem e sentem coisas fora do escopo normal da experiência.

Essa percepção da experiência sobrenatural é ecoada no livro *Living in the Borderland: The Evolution of Consciousness and the Challenge of Healing Trauma* [Vivendo no limiar: a evolução da consciência e o desafio de curar o trauma], do analista junguiano Jerome S. Bernstein. Bernstein introduz a ideia de "personalidades limiares" – pessoas cujas percepções sensitivas e incomuns "não são nada menos do que sagradas". "Os problemas resultam", ele escreve, "do fato de que na maioria das vezes as próprias personalidades limiares não registram as próprias experiências como reais. Foram condicionadas, como o restante de nós com um ego ocidental, a se identificarem com o viés negativo contrário ao domínio não racional da fenomenologia. De modo que veem as próprias experiências limiares como 'malucas' – como patológicas. E, como enxergam as coisas dessa forma, se tornam ainda mais neuróticas do que seriam se as vissem de outro modo".

Na minha primeira ligação com Bri, ela recomendou que eu testasse seu curso com áudio e livro-texto, autoguiado e com duração de três dias, que ensinava a trabalhar a liminaridade. Não havia nada na maneira prática e gentil dela de falar que me alarmasse, embora soubesse que o curso iria custar ainda mais dinheiro do que já havia pagado pela consulta. Não senti que estivesse conversando com uma charlatã – se fosse, seria do tipo que realmente acreditava na própria fraude.

A ementa de *Fazer a curva: técnicas fundamentais para abraçar o liminar* explica assim a frase do título: "Em outras épocas, uma maneira de se referir a pessoas que podiam percorrer os reinos liminares era dizer que haviam 'feito a curva', uma expressão antiga que significa que podiam ir além do que era seguro e conhecido, até o território que continha o mistério, a mágica e a grande promessa". O curso inclui três técnicas básicas: usar a intuição do corpo, trabalhar com cordões talismânicos e construir relacionamentos com aliados e guias espirituais.

A exploração das possibilidades das artes sagradas levantou a questão da medicação. Mesmo quando supus que poderia ser uma pessoa à flor da pele, e portanto alguém com acesso a experiências de outro mundo, em nenhum momento me senti inclinada a parar com a terapia ou com o regime de drogas psicofarmacológicas. Talvez isso pareça contraditório, ou um indício de ceticismo, mas eu sabia que tinha sofrido um bocado durante a psicose e não estava interessada em encarar, de novo, a tempestade de uma insanidade sombria e estrondosa. Ao aprender a respeito do liminar, não estava tentando prolongar minhas experiências psicóticas, só tentando dar sentido a elas. Queria criar um recipiente para o que havia acontecido comigo e colocar a sordidez ali dentro.

Os gnósticos do século II afirmavam que entre os cristãos comuns viviam os *pneumatikoi*, fiéis de elite que possuíam uma sabedoria espiritual bem maior do que seus pares. Os *pneumatikoi* podiam falar em línguas – fenômeno chamado de glossolalia –, evidência de que foram possuídos pelo Espírito; embora vez ou outra seja inteligível, a glossolalia "consiste [...] na maioria das vezes em um discurso frenético, inarticulado, incoerente e extático". O termo psiquiátrico para o discurso inarticulado e balbuciante é "esquizofasia", ou "salada de palavras", e é um dos sintomas mais nítidos da esquizofrenia. O discurso incoerente pode indicar verdades profundas demais para serem compreendidas por aqueles que são inferiores; também pode indicar uma deterioração mental.

A linguagem era central para a distinção feita por Jacques Lacan entre doença e misticismo. Ele comparou os escritos de Daniel Schreber, juiz e conhecido portador do que era então conhecido como *"dementia praecox"*, aos de João da Cruz, afirmando que, como escreve John Gale, "João da Cruz escreveu de forma poética, mas Schreber não". O poeticismo do primeiro abre dimensões espirituais para o leitor, ao passo que o balbucio do segundo as fecha.

A linha entre insanidade e misticismo é tênue; a linha entre realidade e irrealidade é tênue. A liminaridade como conceito espiritual tem a ver com a porosidade das fronteiras. "Liminar" e "medial" – sendo o último termo mais associado à "mulher medial", concebida pela analista junguiana suíça Toni Wolf – quase sempre são usados de forma intercambiável e se referem a uma zona cinzenta entre o aqui e o outro mundo. Em *Fazer a curva*, Bri descreve o outro mundo a partir de metáforas: "os reinos acima" e "os reinos abaixo" da Terra, "a Terra central", "país das fadas" ou "reinos imaginários". A morte é a única manifestação do outro mundo que consigo compreender; o nascimento e a morte evidentemente são manifestações do liminar. Em menor grau, analisei o outro mundo por meio de doenças graves, de traumas e do casamento, que também são condições liminares e que, ao contrário da morte, deixaram marcas e cicatrizes na linha do tempo da minha vida.

O outro mundo para o qual há várias metáforas é acompanhado por um espaço liminar para o qual há várias metáforas. Clarissa Pinkola Estés, doutora, estudiosa, poeta e autora de *Mulheres que correm com os lobos: mitos e histórias do arquétipo da Mulher Selvagem*, descreve uma velha senhora da mitologia que "se situa entre os mundos da racionalidade e do mito. [...] Essa terra entre os mundos é aquele lugar inexplicável que todos nós reconhecemos assim que o vivenciamos, mas suas nuances nos escapam e mudam de forma se tentamos defini-lo". O liminar também pode ser descrito em jargão psicanalítico; Estés se refere ao "*locus* entre os mundos", se referindo ao conceito de Jung do "inconsciente coletivo, da psique [objetiva] e do inconsciente psicoide". Estés prossegue dizendo que esse *locus*, "a fenda entre os mundos – é o lugar onde ocorrem visitações, milagres, imaginações, inspirações e curas de toda natureza". O país das fadas pode parecer muito diferente do inconsciente coletivo, mas é esse o ponto de Bri ao cunhar a expressão "artes sagradas": ela tem a intenção de aludir à variedade de crenças e tradições que alimentam sua prática. Em *Fazer a curva*, ela explica que o trabalho liminar cruza diferentes credos e religiões, e que esses credos e religiões desenvolveram, por sua vez, formas próprias de percorrer o outro mundo, e os indivíduos muitas vezes regressam trazendo presentes para a comunidade.

E contudo as experiências liminares, como Bri as descreve, não são necessariamente incomuns ou ofertadas a uns poucos indivíduos especiais. Os sonhos são a expressão mais comum da liminaridade – mais comuns do que, digamos, ver ou sentir a presença de santos, anjos ou de Deus, que são todas experiências liminares. Trabalhar com o liminar é sondar a noção do que é real *versus* o que é imaginário, ou mesmo psicótico. No início do livro-texto do *Fazer a curva* de Bri, ela escreve: "Qualquer um que deseje adquirir proficiência no trabalho liminar vai ter de ficar confortável com o invisível. Uma das melhores expressões disso são as palavras de Jesus Cristo para São Tomé: 'Bem-aventurados os que não viram, e ainda assim creram'". Trabalhar com o liminar envolve trabalhar com a fé. Um artigo de fé é *Esse sofrimento será de alguma utilidade para você um dia.*

Bri fala isso da seguinte forma: "Acho que quando estamos falando de [...] esquizofrenia realmente queremos ter clareza a respeito do que é racional, dois mais dois igual a quatro; o que é irracional, dois mais dois igual molho de espaguete; e o que é não racional. [...] Muitas pessoas diagnosticadas com esquizofrenia com as quais conversei, com as quais trabalhei [...] não são em absoluto irracionais". O divino é não racional e indica os limites da compreensão simbólica; a insanidade é irracional e indica uma falha estrutural na realidade.

Os psicóticos não racionais, me diz Bri, têm o raciocínio intacto, "mas ele vem, ou é em parte comunicado, e diria que esse no geral é o caso, de uma fonte diferente daquela a que estamos acostumados. Existe uma lógica interna, e quase sempre os lampejos deles são certeiros se você conseguir decifrar o código em que esses lampejos quase sempre são transmitidos e começar a entender como essa lógica interna opera". Ela julga a psicose pela utilidade: "Então se existe algo útil ali, você aproveita. E aí, mesmo que seja uma visão assustadora, se existe algo útil ali que você possa aproveitar e possa aplicar à vida, não ia considerar isso esquizofrênico. Ia considerar liminar".

Nosso mundo valoriza o que é racional e teme o que é irracional: o sem-teto desequilibrado no ônibus matinal; os "psicopatas" homicidas e delirantes que vemos na série *Law & Order* – a lei e a ordem sendo, no fim das contas, as instituições máximas da racionalidade e da razão. Compreender o não racional requer que se olhe sob a superfície, e esse é o reino do místico.

Lembre que tive minha primeira alucinação aos vinte e poucos anos, quando estava no último ano de Stanford, e que fui diagnosticada com transtorno bipolar aos 18 anos. A voz no banheiro do dormitório disse, bem claramente: "Odeio você". O que me surpreende na alucinação é sua eficácia ao sequestrar o juízo. A voz que disse que me odiava era tão real quanto qualquer outro som no lugar. Na verdade me perguntei se estava sujeita a um fenômeno que tinha a ver com o ralo e o sistema de canos – talvez estivesse ouvindo algo dito em outro andar, e ainda assim, pensando bem, a voz não parecia estar vindo do térreo.

Terminei o banho, me sequei e voltei ao quarto enrolada na toalha. Disse à minha colega de quarto, que estava ciente, ainda que de forma abstrata, dos meus problemas de saúde mental, que ouvira uma voz no chuveiro. Eu ficara chocada com o que tinha acontecido, mas estava calma ao contar a história.

"Você é *maluca*", ela disse.

Mas e se a voz tivesse algum tipo de função? Posso ir atrás de interpretações – a mais óbvia sendo que eu me odiava na época, o que alimentara comportamentos autodestrutivos por anos. Talvez a voz estivesse dizendo que, se não encontrasse uma terapeuta melhor, minha tendência autodestrutiva ia em algum momento me colocar em perigo. Essa mensagem me parece básica demais para ser digna de uma alucinação, mas então, de novo, quem sou eu para julgar?

Ouvi três arquivos MP3 do curso *Fazer a curva* na cama, um por dia, percorrendo com o iPad os PDFs que os acompanhavam enquanto escutava. Bri leciona pelo celular na gravação; a aula foi inicialmente ministrada via celular com participantes ao vivo, que depois levantaram questões quando a linha foi aberta para perguntas.

O que achei mais útil nas aulas de Bri foi o uso dos cordões talismânicos. Bri oferece alguns usos para esses cordões durante o trabalho liminar. De acordo com ela, os cordões fornecem proteção dependendo do lugar onde são atados: um cordão em volta da barriga contém o desejo, ao passo que um atado em volta da cabeça evita que se fique remoendo alguma coisa. Untei uma fita de linho de procedência desconhecida com um óleo que Bri me enviara pelo correio, chamado de Pomada de Gilead. Ato a fita em volta do tornozelo quando começo a sentir que estou escorregando. Não sou como Paige, que usa um cordão antes de se aventurar ativamente no outro mundo. Embora pareça antitético em relação ao objetivo do curso, *não quero* adentrar os reinos liminares. Quero saber como me controlar quando coisas assustadoras acontecem comigo, e, se existe uma chance de que uma fita em volta do meu tornozelo vá ou me manter ligada a este mundo ou de certa forma mais segura quando me ausentar dele – embora talvez tenha de ser usada em conjunto com a medicação e relatada à minha psiquiatra –, essa chance já está de bom tamanho para mim.

No fim das contas, o outro mundo não foi feito para ser visitado com arrogância pelos meros mortais. Em *Mulheres que correm com os lobos*, Estés usa a história de Vasalisa e de Baba Yaga para nos alertar quanto a hesitar em outros reinos. A certa altura da história, Baba Yaga tenta convencer Vasalisa a fazer um bocado de perguntas sobre as estranhezas do mundo de Baba Yaga, mas a boneca sábia no bolso de Vasalisa pula para cima e para baixo, avisando-a para parar. Isso, diz Estés, é um alerta contra "invocar muita numinosidade do submundo de uma só vez [...] pois, embora visitemos esse lugar, não queremos ficar arrebatadas e portanto presas ali".

Conheci Bri pessoalmente no café Downtown Subscription em Santa Fé certo inverno, durante minha viagem de nove dias para tratar a doença de Lyme. Porochista e eu ficáramos indo de um lugar a outro, e meus braços estavam cheios de hematomas e marcas das várias aplicações intravenosas desde que chegara. Bri já estava lá, esperando com um chá; nos cumprimentamos com abraços e exclamações. Eu me sentei na cadeira alta de frente para ela, preocupada com quanto tempo meu corpo seria capaz de se sustentar a tamanha distância do chão, e já estava exausta – o dia tinha sido difícil, já que Porochista ficara sabendo naquela manhã do suicídio de um amigo de longa data. Travis havia sido dado como desaparecido no dia anterior. Naquela manhã, Porochista dissera: "Acho que ele está vivo. Só acho que [...] foi para algum lugar". Olhei para ela algumas horas depois. Estava sentada na cama, debruçada sobre o telefone e chorando.

Para Bri e eu, nosso encontro foi uma espécie de milagre – quando me acomodei e perguntei a ela se fora o trabalho que lhe trouxera a Santa Fé, ela disse que tinha dirigido treze horas de San Antonio com o marido e o filho só para me ver. Sorri. Querido Deus, por favor, me ajude, pensei, lutando para continuar ereta. Contei a ela o que acontecera com Porochista. Perguntei se havia algo que devêssemos fazer.

"O que faço quando qualquer um morre", ela disse, "é ir acender uma vela para a pessoa. Eu iria ao santuário de Nossa Senhora de Guadalupe, na cidade, e acenderia uma vela. Outra coisa que acho importante entender depois que a morte ocorre é que muitas tradições dizem que há um período de três dias em que a linha fica com um pouco de estática, como se estivessem se adaptando. Mas abençoar [o Travis], e abençoar a família dele, é uma boa coisa para começar a fazer agora, assim como se abrir a sinais e presságios de uma comunicação direta dele com ela. Pode aparecer uma música que ela associa a ele, ou palavras em uma placa, palavras em uma revista".

Enquanto ela falava, notei a abundância de *milagros* em formato de coração ou amuletos populares nos adornos de Bri e nela mesma. No final daquela semana, na viagem a Chimayó, veria *milagros* parecidos à venda em lojas de presentes; comprei uma cruz de madeira vermelha adornada com *milagros* que agora pende do meu altar. As pálpebras e as bochechas rosadas de Bri cintilavam com pó de ouro. Eu lhe contei o que acontecera com Porochista, que me acompanhara até o café e estava sentada na outra ponta da sala. "Ela não tem idade", Porochista disse, se referindo a Bri, assim que voltamos ao nosso quarto de motel.

Bri e eu falamos de magia e da utilidade dela em períodos políticos opressivos (Donald Trump seria empossado no final daquele mês); do novo filme da saga *Guerra nas estrelas*, *Rogue One*; da importância do trabalho ("Qualquer que seja seu trabalho, ele importa. Ele tem a ver com emocionar pessoas a quem você está aqui para emocionar da melhor maneira possível"); da trajetória dela de quase advogada para professora virtual de artes sagradas; da origem das artes sagradas na vida dela. Uma coisa maravilhosa de conversar com uma professora, particularmente quando você está doente, é que não há nenhuma necessidade de conduzir a conversa – largue uma boa deixa ou pergunta, e elas vão ficar felizes em fazer uma exposição. Mas encerrei a conversa depois de cerca de uma hora, me sentindo culpada por fazer com que percorresse tamanha distância para conversar comigo por tão pouco tempo. Ainda assim, não senti nenhum julgamento da parte dela. "Você parece cansada", ela disse. "Por favor, vá descansar."

Em vez de voltar direto para o nosso motel, o que sabíamos que ia levar a uma inércia indissolúvel, Porochista e eu rumamos para o santuário de Nossa Senhora de Guadalupe. O sol tinha se posto, levando consigo qualquer calorzinho de inverno. Andamos devagar porque Porochista estava usando uma bengala, e o chão estava repleto de trechos perigosos de gelo negro. Não tínhamos nenhuma vela para acender, mas havia caixas transparentes cheias de pedidos, e disse a ela que podia escrever uma mensagem para pôr numa das caixas. Eu me sentei em um banco gelado e fiquei observando o rosto macio e benevolente da Nossa Senhora. Para a Festa de Guadalupe do mês anterior, Bri enviara uma oração que incluía as seguintes palavras: "Onde quer que haja perda, tristeza, brechas cheias de ventos uivantes de dor e tristeza – lá está Ela". Tínhamos ido ao santuário por causa do amigo de Porochista, sim, mas também, e talvez principalmente, por causa de Porochista e de sua dor.

No início, me voltei para Bri porque a psicose me fazia temer minha própria mente. Desde então, as artes sagradas vêm me dando algum consolo, não tanto pelas crenças que proporcionam, mas pelas ações que recomendam. Dizer essa oração – acender essa vela – realizar esse ritual – criar esse jarro de sal ou mel – é ter algo para fazer quando parece que nada pode ser feito.

Na altura em que escrevo isto, faz anos que não vivencio uma alucinação. Algumas manchas visuais se manifestam, ou, aqui e ali, um barulho alto na sala quando não há ninguém lá, mas afora isso cadáveres cheios de vermes ou vozes misteriosas estão ausentes dos meus sentidos. O último episódio grave de pensamentos delirantes ocorreu há quatro anos. Mas há os episódios que excluem a psicose, mesmo a psicose leve – episódios nos quais devo agir com cuidado para me manter onde estou. Quando certo tipo de distanciamento psíquico ocorre, recupero minha fita; amarro-a no tornozelo. Digo a mim mesma que, se o delírio vier me visitar, ou se as alucinações voltarem a se apoderar dos meus sentidos, talvez eu seja capaz de separar o sentido do insensato. Digo a mim mesma que, se tenho de viver com uma mente escorregadia, também quero saber como atá-la.

Agradecimentos

Esquizofrenias reunidas podia não ter existido se não fosse o auxílio de diversas pessoas e organizações, e gostaria de expressar minha gratidão a elas aqui.

À minha melhor leitora e querida amiga, que ajudou a dar forma aos ensaios neste livro, Miriam Lawrence. Sua orientação e amor têm sido inestimáveis para mim. A Andi Winnette, que mergulhou justo quando o livro precisava do mergulho. Obrigada pelo brilhantismo. Obrigada a Quince Mountain por repassar o manuscrito comigo na reta final – você é uma das pessoas mais sensatas que conheço. Porochista Khakpour – obrigada pela solidariedade e amizade, assim como pelo seu olhar atento; amo muito você.

Pelo encorajamento, amizade e apoio inabalável de Anna North, Laura Turner, Caille Millner, Reese Kwon, Andi e Colin Winnette, Anisse Gross, Dyana Valentine, Rachel Khong e Aaron Silberstein. Pela torcida diária do SDC: obrigada.

Aos editores com quem trabalhei em vários destes ensaios, Andi Winnette, Karolina Waclawiak, Mensah Demary, Anna North, Willie Osterweil, Haley Cullingham e Bethany Rose Lamont. A Nicole Cliffe, que foi a primeira pessoa a aceitar com entusiasmo um destes ensaios para publicação – levou algum tempo para "Dias de danação" encontrar sua casa, e estou grata por ter sido com você.

À equipe que me ajuda a melhorar, com um agradecimento especial à Grace e à dra. McInnes.

À Hedgebrook, à Yaddo, à Whiting Foundation e à Granta.

A Lana Del Rey e o álbum *Ultraviolence*.

Aos pesquisadores, autores e cientistas a cujo trabalho faço referência nestas páginas, e às pessoas que generosamente me permitiram que as entrevistasse para este livro. À Associação de Saúde Mental de São Francisco.

À minha incrível agente e defensora, Jin Auh, e à Wylie Agency como um todo.

Ao meu gentil e experiente editor, Steve Woodward, assim como a Ethan Nosowsky, Fiona McCrae e o restante da matilha da Graywolf Press, que abraçaram este livro e sua autora com entusiasmo. Um obrigada especial a Brigid Hughes, que selecionou meu manuscrito para o prêmio Graywolf Press de não ficção: fico lisonjeada com essa oportunidade incrível.

À minha família: mamãe, papai, Allen, Claudia e Kerrigan.

À Daphne.

Por fim, ao Chris, meu amor amado, a quem este livro é dedicado e que tem estado ali por mim de tantas maneiras que nem dá para contar. Amo você.

Posfácio
Ary Gadelha

De todas as doenças psiquiátricas, a esquizofrenia pode ser considerada a mais estigmatizada. Estigma é uma palavra derivada do grego, e sugere-se que o conceito se refere a uma marca feita a ferro em brasa na pele de criminosos e escravos para que não pudessem fugir ou se esconder. A esquizofrenia não deixa sinais visíveis na pele, mas seu nome se associa a uma marca profunda e negativa na maior parte das fantasias da nossa sociedade. Pesquisas que perguntam como as pessoas enxergam quem tem esquizofrenia normalmente trazem como resposta violência e loucura.

Eu trabalho e convivo com pessoas com esquizofrenia há cerca de dezoito anos, desde que entrei na residência em psiquiatria. Posso entender de onde vem esse preconceito. Algumas pessoas com esquizofrenia podem ficar violentas durante uma crise. A maior parte das pessoas com essa doença, porém, não se envolve em agressões ou crimes. Estima-se que no Brasil a doença atinja cerca de 800 mil pessoas. Fazendo os cálculos, se todos fossem agressivos, haveria uma situação muito diferente do que a que realmente ocorre. A maior parcela das pessoas com esquizofrenia tem medo e precisa de ajuda.

No entanto, na mídia, a esquizofrenia aparece normalmente vinculada a assassinatos ou crimes. Na arte, a loucura é, em sua maioria, uma forma de castigo. Esses veículos difundem uma ideia equivocada do que é ter esquizofrenia e, infelizmente, são o único contato que a maioria das pessoas tem com a doença.

A face mais cruel do estigma é a exclusão, a marginalização de um grupo na sociedade. Para entender a gravidade dessa situação, basta pensar em que respostas você daria caso lhe perguntassem: Você empregaria uma pessoa com esquizofrenia? Você gostaria que um filho se cassasse com alguém com esquizofrenia? Será que você responderia "sim", sem hesitar? E, ao responder negativamente, você se consideraria preconceituoso? Ou tentaria argumentar que está sendo realista? É inquestionável a existência do preconceito.

Combater o estigma não é simples. Vários estudos investigaram a eficácia de diferentes estratégias. Os dados sugerem que os melhores resultados surgem ao permitir que pessoas da sociedade conheçam aquelas com esquizofrenia. Nesses casos, percebe-se uma grande diferença entre o estereótipo e o indivíduo à sua frente, entre a fantasia da loucura e da agressividade e os gestos calmos e a afetividade.

Essa é a principal relevância de um livro como *Esquizofrenias reunidas*. Precisamos de mais histórias de pessoas que conviveram com um transtorno psicótico, precisamos dar um rosto, na verdade muitos rostos, às pessoas com esquizofrenia. Existe sim uma doença, mas existe muito mais, existem pessoas que têm a doença. Não se pode resumir uma pessoa a uma doença.

Por outro lado, a experiência vivida talvez não consiga traduzir todas as nuances técnicas ou, ainda, traga imprecisões.

Sendo assim, vou conduzir este texto de duas maneiras. Primeiro, usando os exemplos sensíveis e humanos da autora para explicar os sintomas e critérios diagnósticos dos transstornos psicóticos. Em segundo lugar, tentarei discutir algumas questões que podem causar dúvidas aos leitores.

Diagnóstico psiquiátrico

Logo no início do livro, a autora expressa a sua posição quanto aos diagnósticos: "Alguns não gostam de diagnósticos, chamando-os, de forma grosseira, de caixas e rótulos, mas sempre encontrei consolo em condições preexistentes; gosto de saber que não estou na vanguarda de uma experiência inexplicável". Como a psiquiatria é uma especialidade médica, a organização do diagnóstico segue a estrutura de outras especialidades. No entanto, existem algumas particularidades.

Enquanto em outras áreas da medicina há um diagnóstico chamado etiológico, no qual se conhece a causa – por exemplo, infecção por COVID-19 –, na psiquiatria o diagnóstico é sindrômico. Isso quer dizer que identificamos situações em que um conjunto de sintomas e características clínicas ocorre ao mesmo tempo, indicando uma síndrome, mesmo que não consigamos identificar sua causa. Por não conseguirmos identificar uma causa, também não temos testes diagnósticos, o famoso exame que poderia confirmar a impressão do médico psiquiatra. Sendo assim, o diagnóstico é baseado na identificação, pelo psiquiatra, dos sintomas característicos de uma determinada síndrome. Outra característica dos diagnósticos em psiquiatria é que, antes de considerar essa possibilidade, temos que excluir que a alteração do comportamento seja causada por uma condição orgânica conhecida – um tumor no cérebro, por exemplo – ou por uso de alguma substância – cocaína, por exemplo.

Trazendo mais concretamente para o caso do livro, a autora afirma ter o diagnóstico de transtorno esquizoafetivo.

Na verdade, ela cita ter recebido vários diagnósticos ao longo da vida. Como isso é possível?

Como só temos acesso ao relatado no livro, primeiramente é importante destacar que qualquer exercício diagnóstico apresentará limitações evidentes. Segundo, por ser uma obra autobiográfica, ela é repleta da sensibilidade da autora, tornando mais tênue a fronteira entre o factual e o subjetivo.

A autora nos conta que recebeu inicialmente o diagnóstico de transtorno bipolar e que conviveu com esse diagnóstico por cerca de dez anos. Para diagnosticar o transtorno bipolar, o elemento central é a identificação do episódio de mania. A mania para a psiquiatria é um quadro de grande euforia ou aumento de energia, sem motivo ou em intensidade muito superior a qualquer situação vivida, no qual a pessoa fica com menor necessidade de sono, pode falar mais rápido a ponto de nem ser possível entender o raciocínio, fazer compras excessivas. Enfim, é um estado de hiperativação e, além dos sintomas, tem que causar grave prejuízo no funcionamento. Uma pessoa em mania pode comprar vários sapatos iguais, fazer dívidas e até ficar mais sexualizada, expondo-se. Por último, esse quadro é claramente fora do padrão da pessoa. Esmé Weijun Wang nos conta que o seu primeiro episódio de mania foi marcado por "uma maneira agitada de falar e um caso amoroso pouco característico com um homem onze anos mais velho que eu".

Como o nome denota, para completar o diagnóstico há o outro "polo", o episódio depressivo. Aqui é importante destacar a diferença entre tristeza e depressão. Tristeza é uma emoção humana. Faz parte da nossa vivência habitual, é esperada diante de situações difíceis, podendo ser até necessária para nos proteger, levando-nos ao recolhimento e reflexão. Quando a tristeza deixa de ser um estado transitório e passa a ser um estado permanente, mudando a forma da pessoa se relacionar com o mundo, essa tristeza é dita excessiva. A tristeza excessiva é considerada um sintoma, mas sozinha ainda não autoriza o diagnóstico de depressão. A depressão acontece quando a tristeza excessiva se associa a outros sintomas, como a perda do interesse em atividades que antes eram prazerosas, alteração do padrão de sono, redução do nível de energia. Para além de um grupo de sintomas, o conceito de depressão para o psiquiatra significa um estado em que a pessoa passar a perceber o mundo de forma negativa, independente do ambiente externo. Por fim, como nos diagnósticos anteriores, só podemos confirmar um diagnóstico psiquiátrico depois de excluir outros fatores que explicassem melhor a condição do que a depressão, sejam eles de etiologia conhecida, como o hipertireoidismo, ou por uso de substância ou abuso de medicamento – altas doses de corticoide, por exemplo. No caso de Esmé, o diagnóstico de depressão antecedeu o de transtorno bipolar, o que é bem comum. A depressão no transtorno bipolar é muito difícil de diferenciar da depressão unipolar, o quadro mais comum e que todos entendem como "depressão".

No entanto, a autora nos conta que posteriormente passou a apresentar sintomas psicóticos. O que é psicose? Psicose é uma alteração na capacidade de alguém lidar com a realidade como compartilhada por outras pessoas. Os sintomas centrais da psicose são o delírio e a alucinação. No delírio há uma alteração do pensamento, no qual a pessoa tem uma ideia carregada de uma certeza muito forte, que não é passível de questionamento ou mudança, mesmo que outras pessoas tentem demonstrar que essa ideia é absurda e impossível. Mais ainda, o delírio não é um pensamento apenas "errado", mas ele direciona o comportamento e mesmo o raciocínio da pessoa. O tipo de delírio mais comum é o persecutório, no qual a pessoa se sente vítima de um complô ou de uma perseguição injusta. Seguindo a nossa descrição, além de dar essa impressão, ela direciona a vida da pessoa, que passa a evitar, denunciar ou mesmo enfrentar a perseguição. Esmé nos conta ter chegado a achar que seus familiares haviam sido substituídos por duplos, condição conhecida como delírio de Capgras. Já o termo alucinação se refere a uma alteração ligada aos órgãos do sentido, como a visão ou audição. O tipo de alucinação mais comum na esquizofrenia é a auditiva. De novo, não se trata apenas de ouvir algo, mas de uma alteração que direciona o comportamento da pessoa afetada, que passa a viver em torno do conteúdo de seus delírios e alucinações.

A psicose pode estar presente em vários quadros psiquiátricos, como depressão grave, transtorno bipolar, transtornos induzidos por substância e transtorno de estresse pós-traumático. O quadro dela poderia ser então explicado pelo diagnóstico de transtorno bipolar? Sim e não – ou seja, depende. No transtorno bipolar, a pessoa pode ter sintomas psicóticos dentro dos seus quadros de humor. No entanto, se ela apresentar sintomas psicóticos fora de um episódio de depressão ou mania, fica mais difícil explicar esses sintomas pelo transtorno bipolar. Por outro lado, se a pessoa apresentar quadros de alteração do humor com frequência e intensidade relevantes, também fica difícil justificar tudo pelo diagnóstico de esquizofrenia. Para dar conta de quadros como esse, em que alterações de humor importantes acontecem concomitantemente a sintomas psicóticos, sem um predomínio claro de gravidade entre eles, foi criado o diagnóstico de transtorno esquizoafetivo. Segundo Esmé, esse seria o seu diagnóstico mais atual. De fato, na descrição, ela menciona todos os elementos para esse diagnóstico.

O grande número de diagnósticos apresentados pela autora chama atenção. Gostaria de explorar essa questão por três pontos de vista. No primeiro, pela ausência de testes diagnósticos é comum quadros mais complexos demorarem a receber o diagnóstico definitivo. Por exemplo: no transtorno bipolar, se a primeira manifestação da doença é de depressão, como afirmar a bipolaridade? No segundo ponto, há que se lembrar que o psiquiatra trabalha com a informação trazida pelo informante. Se ela for abrangente e detalhada, o diagnóstico pode ficar mais fácil. Por outro lado, se a pessoa com a doença não for capaz de informar, o processo do diagnóstico será limitado. Por último, há uma falta de entendimento, mesmo entre alguns psiquiatras, de que diagnosticar não se resume a preencher uma lista de critérios; é algo que vai além, pois existe uma hierarquia entre as manifestações, os sintomas e as queixas, e o comportamento deve ser avaliado como um todo. Por exemplo, imagine uma pessoa com esquizofrenia. Ela sente-se perseguida, ouve vozes, fica incomodada por acreditar que outras pessoas leem seu pensamento. Assim, se o diagnóstico virar uma checklist de sintomas, essa pessoa receberá três ou quatro diagnósticos: esquizofrenia, fobia social, transtorno depressivo, transtorno de ansiedade. Nesses casos, o melhor diagnóstico para explicar o quadro como um todo seria o de esquizofrenia, enquanto os outros sintomas são consequências da vivência psicótica. Quer dizer então que não é possível ter mais de um diagnóstico? Sim, é possível, só que é sempre necessário avaliar de maneira detalhada se existem de fato dois diagnósticos ou se o quadro não seria mais bem explicado pelo de maior gravidade.

Embora esse exercício diagnóstico seja parte da prática do psiquiatra, não a resume. Existem outros níveis de diagnóstico, como o dito idiográfico. Nesse tipo, procura-se definir o transtorno pelas palavras da pessoa que tem a experiência vivida. E, para além de qualquer tipo de diagnóstico, é importante compreender que ele é uma ferramenta. Como toda ferramenta, pode ser bem ou mal usada e apresenta suas limitações. Por último, o diagnóstico é um meio para permitir um tratamento e uma vida com qualidade, não um fim em si mesmo. Esses conceitos simples muitas vezes são negligenciados mesmo por profissionais de saúde.

Nesse sentido, o livro de Esmé é uma porta para o mundo subjetivo, vivencial de alguém que passou por um transtorno mental grave. Apesar de eu ter descrito acima aspectos técnicos importantes, não considero essa a maior riqueza do livro, e sim a abertura para a experiência do processo passado pela autora, narrado com a sua inteligência e sensibilidade.

A importância desse relato é gigantesca. Resumir a pessoa à sua doença, sobretudo a psiquiátrica, é fazer mau uso do diagnóstico. E isso só acontece nos casos de doenças graves, pela falta de compreensão que a população tem delas. Ninguém ousa resumir quem é uma pessoa por sua miopia ou uma gripe. Mas muitos tentam reduzir a uma doença quem tem aids, câncer e doenças psiquiátricas.

O relato da autora nos permite entender que, antes de um diagnóstico, havia uma pessoa. Ela nos conta um pouco dessa história. Fala de sua família, de seus relacionamentos, de como foi sua educação. Que trabalhou com moda, criou uma startup. Que era como qualquer um, com sua história, sua identidade.

A doença foi aparecendo aos poucos, durante a faculdade. E surgiu como se manifesta também para outras pessoas, durante um período de mudanças e incertezas. Nesses momentos, qualquer um pode chegar ao seu limite. Para algumas pessoas, se houver uma predisposição genética, essa carga emocional pode ser excessiva. Esse é, aliás, o modelo mais aceito para a causa das doenças psiquiátricas graves, uma interação entre adversidade ambiental (estresse, violência, drogas) e vulnerabilidade genética. Esmé desconhece detalhes sobre supostos transtornos mentais de pessoas em sua família. Por outro lado, deixa claro que passou por grandes adversidades. Relata um episódio de estupro cujas marcas ainda são bastante dolorosas para ela.

Essa primeira crise levou à sua primeira internação. Ela foi internada ao todo três vezes. Sua visão é clara e bem negativa quanto às internações. Ela alerta para o desamparo e as dúvidas em relação a quem é internado: "É difícil descrever o horror de estar internada involuntariamente. Em primeiro lugar, há a experiência aterrorizante de ser colocada à força num lugar pequeno do qual não lhe permitem sair. Também não lhe permitem saber quanto tempo ficará ali. Você está sem as coisas que ama: seu diário, a pulseira que sua avó lhe deu, suas meias favoritas". A sensação de submissão e isolamento transborda desse trecho. Esmé ressalta também como quem é internado cria um vínculo delicado com os profissionais durante a internação. Confiar ou questionar? Dizer o que sente ou se esquivar para pode sair logo? Fala também de como mesmo passagens da sua vida foram questionadas, como se a palavra de alguém internado não tivesse valor. Quando ela escreve "Não se pode confiar em nós para nada, incluindo nossa própria existência", revela-se o paradoxo dessa existência no limite dos conceitos de si, do outro e do mundo. Para além de qualquer questionamento, fico com o alerta de dar mais atenção à experiência vivida e refletir sobre os objetivos do tratamento e sua execução.

A internação psiquiátrica é alvo de um grande debate há décadas. No passado, não existiam critérios claros, o que dava margem a abusos e injustiças. Com o tempo, houve uma regulamentação crescente no mundo todo. No Brasil, a Lei 10.216, de 2001, regulamenta a internação psiquiátrica. Segundo essa lei, existem três tipos de internação. Todas elas exigem um relatório médico. A forma mais simples é a internação voluntária, a própria pessoa aceita a internação. As outras duas são a involuntária e a compulsória. A involuntária ocorre quando a família solicita e se responsabiliza pela internação, cuja pertinência será avaliada por um médico. A terceira forma é a compulsória, que ocorre quando um juiz solicita o procedimento. E por que se pediria uma internação psiquiátrica? Os dois motivos fundamentais são quando, por causa da doença mental, a pessoa representa um perigo para si (risco de suicídio) ou para outras pessoas (heteroagressividade). Um terceiro motivo que observamos na prática seria alguém com uma doença grave, mas que não conta com uma rede de suporte para poder se tratar adequadamente. No caso de Esmé, sua primeira internação ocorreu quando estava em Yale. Segundo o relato, ela vivia um episódio misto – quando acontecem sintomas de episódio depressivo e de mania concomitantemente – e se sentia angustiada a ponto de considerar o suicídio. A autora relata que não iria fazer algo e deu a entender que não concordou com a internação.

Como psiquiatra, posso dizer que indicar a internação involuntária de alguém é a decisão mais difícil da minha prática. O limite muitas vezes é tênue. Depois de ler o relato de Esmé, fica evidente que precisamos mesmo considerar a indicação de forma muito cuidadosa. Ela fala como o ambiente da internação foi difícil, a relação com os demais pacientes, as regras, a relação com os profissionais de saúde. Ela chega à conclusão de que as internações não foram boas para ela. Eu novamente tenho de assumir a incapacidade de julgar a situação sob o olhar técnico, uma vez que me baseio num relato, e não em uma avaliação formal. De qualquer forma, a impressão subjetiva de Esmé deve ser um alerta e um guia. Um alerta para a necessidade de cuidado e um guia para pensarmos como melhorar as internações, deixá-las mais humanas. Alguns podem me perguntar se eu não cogito a possiblidade de simplesmente abolir as internações. Eu, sinceramente, não consigo ver essa possibilidade, pois já me deparei com inúmeras situações em que realmente não havia alternativa. Um paciente, por exemplo, num delírio messiânico, ateou fogo às próprias pernas, outra arrancou o globo ocular com a própria mão. Situações assim exigem um cuidado maior e tempo para as medicações fazerem efeito. Colocada essa impressão prática e factual, sou amplamente favorável a melhorar o suporte para pessoas com transtornos mentais graves, a fim de que possamos evitar situações como essas. Em seguida, temos que reivindicar aos sistemas públicos de saúde (no caso do Brasil, o Sistema Único de Saúde, sus) locais adequados para as internações, com boa estrutura física e pessoal treinado. O local preconizado para as internações pelo sus é o hospital geral e o tempo de internação deve ser o menor possível, e estou plenamente de acordo com essas orientações. No entanto, alguns pacientes, apesar de todos os esforços, precisam de internações mais longas e, por isso, devemos ter hospitais psiquiátricos com boa estrutura. Um outro problema no Brasil é que o número de leitos em hospitais gerais é insuficiente, evidenciando a grande diferença entre a teoria e a prática.

Voltando à história de Esmé, seu relato traz à tona diferentes perspectivas. O capítulo "Alto funcionamento" discorre sobre o que significa funcionar e a percepção pessoal do preconceito/estigma. Ela chama atenção para uma valorização excessiva, pela sociedade atual, da capacidade de trabalho como critério para definir alguém como funcional. Não que trabalhar deva ser um problema, mas isso traduz uma visão voltada para a produção de dinheiro. Mais ainda, pode indicar uma tendência a reduzir as oportunidades de reabilitação a um número limitado de opções, preestabelecidas por uma visão normativa da sociedade. Em outro trecho, a autora pergunta o que é estar "bem" para alguém com um diagnóstico.

O paradigma mais atual que direciona o tratamento da esquizofrenia é o conceito de *"recovery"*. A definição que considero mais clara para ele é a seguinte: "A recuperação é um processo profundamente pessoal e único de mudança de atitude, valores, sentimentos, metas, habilidades e papéis de uma pessoa. É uma maneira de viver uma vida satisfatória, esperançosa e contributiva, mesmo com as limitações causadas pela doença. A recuperação envolve o desenvolvimento de um novo significado e propósito na vida, à medida que se superam os efeitos catastróficos da doença mental". Essa definição modifica radicalmente a maneira de entender a melhora ou o processo de tratamento. Uma mudança central é que a própria pessoa com a doença é quem define se está bem. Por muito tempo, a melhora era medida apenas por escalas, seguindo a visão do profissional. Não tenho nada contra o uso de escalas, são bem úteis até, mas não considerar a perspectiva subjetiva, absolutamente individual da pessoa com a doença, sempre trará problema para qualquer relação de cuidado. O psiquiatra deve tentar eliminar os delírios e alucinações, mas a pessoa com esquizofrenia pode estar alheia a esses sintomas ou mais preocupada com relacionamentos ou com sua educação. Esses objetivos não se opõem, só que, se não houver um alinhamento, ficarão mais difíceis o diálogo e um entendimento comum. Além disso, se o controle dos sintomas for acompanhado por efeitos colaterais incômodos, é possível que a experiência pessoal do tratamento seja ruim, negativa. Então, o sucesso para o profissional seria um sofrimento para a pessoa em tratamento. Novamente, o equívoco não se encontra na perspectiva individual, mas na falta de relação entre essa visão e a do profissional. O diálogo pressupõe respeito e horizontalidade no cuidado. No Brasil, um grupo de especialistas e associações sugeriu adotar o nome "superação" para a tradução do conceito. Eu concordo, uma vez que a tradução literal do inglês, "recuperação", remete a voltar a um estado anterior, o que não reflete o conceito de forma precisa.

Ao nos revelar as suas dúvidas e inquietações, Esmé nos mostra também como o caminho da superação (*recovery*) é pessoal e subjetivo e que depende de fatores que estão muito além da medicina. Na trajetória dela, o papel do marido, Chris, da mãe, da amizade, das experiências profissionais, todos criaram oportunidades e desafios únicos. A autora nos fala de como sua relação com a fotografia se tornou uma vivência terapêutica: "Durante os piores episódios de psicose, a fotografia é uma ferramenta que meu eu doente utiliza para acreditar no que existe. As fotografias se tornam ferramentas para o meu eu recuperado vivenciar a perda". Um alerta necessário é que o caminho dela é único; embora seu relacionamento com a fotografia seja inspirador, nem todos terão a mesma experiência caso se dediquem à fotografia. Por fim, um bom tratamento deve acompanhar e se adaptar a essa realidade dinâmica e pessoal.

Um ponto um pouco mais controverso sobre o diagnóstico ou relacionado a diagnósticos aparece na parte final do livro. A autora revela que recebeu o diagnóstico de doença de Lyme. Resumidamente, essa é uma doença causada por uma bactéria transmitida pela picada de um carrapato presente na região norte dos Estados Unidos. Após a picada há uma fase aguda da doença com manifestações de um quadro infeccioso. Algumas pessoas podem ter manifestações tardias da doença, como artrite. Qual a controvérsia? É que existem alguns especialistas em doença de Lyme que atribuem uma série de sintomas como fadiga, alterações cognitivas e comportamentais à infecção. A questão é que não há comprovação clara de que isso seja verdade. Explico: como é uma doença comum numa região dos EUA, muitas pessoas podem apresentar exames que indicam uma infecção prévia – uma cicatriz imunológica –; daí a atribuir esses sintomas tão inespecíficos à infecção de Lyme é algo complexo e não endossado pela maior parte dos pesquisadores.[1] Um outro ponto ainda mais obscuro é se o transtorno esquizoafetivo seria causado pela doença de Lyme. Existe uma hipótese de que as doenças do espectro da esquizofrenia poderiam ter causa autoimune. Há relatos de casos de pacientes com diagnóstico do espectro da esquizofrenia e doença de Lyme. No entanto, admitir essa relação causal considera um ponto que vai além do conhecimento científico atual. É bem provável que seja uma associação ao acaso. Ou seja: se há muitas

---

1   Para mais informações, sugiro ler o site do Centers for Disease Control and Prevention (CDC): www.cdc.gov/lyme/postlds/index.html – para tirarem suas próprias conclusões e seguirem o que seria uma recomendação oficial.

pessoas afetadas por ambas as condições, algumas terão as duas, mas isso não implicaria causa.

Levanto esse ponto aqui, pois acredito que a parte final do livro reflete um fenômeno psicológico comum em quem tem transtornos mentais graves. Encontrar um motivo, entender o que tem quando a ciência e a medicina ainda não dão respostas mais satisfatórias. Somos humanos, precisamos criar sentidos e encontrar explicações.

Imagine ter uma doença que muda a sua maneira de perceber a realidade, que altera os seus sentidos e faz mesmo duvidar do que se vê, sente ou pensa. Como aceitar e entender algo assim? Por que eu? Ainda mais se essa condição, além de tudo que foi descrito acima, não tiver cura. Não tem cura? Para qualquer um seria muito difícil aceitar. E vejo que Esmé se lança a uma busca de todas as causas e de como lidar com a doença. Um outro desafio é como traçar um objetivo de vida após ela mudar inteiramente. Seu trauma, a doença de Lyme e a vivência religiosa são, em minha opinião, a busca de um motivo e de sentido para seguir em frente.

Esmé conta que em 2005, quando começou a alucinar, sua mãe sugeriu que as alucinações poderiam ser dons espirituais. Essa questão parece adotar diferentes formas ao longo da trajetória relatada no livro. Seria a psicose um dom? Teria um significado para justificar tanto sofrimento? É muito comum pessoas com transtornos do espectro da esquizofrenia relatarem experiências místico-religiosas. A distinção entre o que é sintoma e o que representa uma vivência religiosa legítima é sutil e deve ser abordada delicadamente. Muitas vezes, membros da própria comunidade religiosa auxiliam, ao identificar um comportamento fora da experiência habitual da vivência religiosa de uma pessoa. Mais de uma vez recebi pacientes no pronto-socorro trazidos por um pastor ou pai de santo indicando que havia algo que consideravam fora do comum. Eu diria que grandes mudanças de crenças, súbitas, tendem mais a ser efeito dos sintomas.

Um outro ponto da experiência religiosa é como ela pode dar conforto e suporte. A Associação Mundial de Psiquiatria redigiu uma declaração de como entende que deve ser feita essa abordagem pelos psiquiatras. Primeiro, reconhece que a vida religiosa deve ser levantada, a fim de entender a relevância para a pessoa em atendimento. Depois, sugere uma abordagem individualizada, respeitosa, sobre pontos positivos e potencialmente negativos da relação entre aquela pessoa e sua vivência religiosa. Traz também um alerta: o psiquiatra não deve impor a sua própria visão sobre religião.

Confesso que quando Esmé começa a relatar sua relação com Bri fiquei preocupado, principalmente quando descreve que havia pagamentos e um curso. Infelizmente já vivenciei experiências muito negativas com pessoas que se diziam religiosas e, no meu entendimento, aproveitaram-se da fragilidade de pessoas em sofrimento para receber ganhos financeiros. Sugiro sempre muita cautela para famílias e pacientes nesse campo. No final, fiquei um pouco mais tranquilo quando ela relata que: "No início, me voltei para Bri porque a psicose me fazia temer minha própria mente. Desde então, as artes sagradas vêm me dando algum consolo, não tanto pelas crenças que me proporcionam, mas pelas ações que recomendam. Dizer essa oração – acender essa vela – realizar esse ritual – criar esse jarro de sal ou mel – é ter algo para fazer quando parece que nada pode ser feito".

Muito além de qualquer julgamento pessoal ou técnico, o relato de Esmé é repleto de vida, afeto, dúvidas, ambiguidades, busca, inquisição. É repleto de humanidade, de beleza e de imperfeições. Ler esse relato, refletir e discutir sobre a sua experiência amplia o nosso sentido da existência humana, permitindo entender um pouco melhor o mundo de quem tem experiências psicóticas. Espero que os leitores possam se envolver com esse texto, não de forma rígida, seguindo cada palavra como uma verdade em si, mas entendendo que existem planos de vivência diferentes, que devem ser respeitados e acolhidos. Aprender a conviver com as diferenças e nos apoiar nas nossas dificuldades certamente ajudará não só as pessoas com transtornos do espectro da esquizofrenia, nos ajudará enquanto sociedade.

ARY GADELHA é professor de psiquiatria da Escola Paulista de Medicina da Universidade Federal de São Paulo (EPM/UNIFESP) e coordenador do Programa de Esquizofrenia da EPM/UNIFESP (PROESQ).

PREPARAÇÃO Andrea Stahel
REVISÃO TÉCNICA Fernanda Ribeiro
REVISÃO Ricardo Jensen de Oliveira e Tamara Sender
PROJETO GRÁFICO Laura Lotufo
IMAGEM DA CAPA Anne Lindberg, *flash: again*, 2020.
Grafite e lápis de cor sobre papel cartão, 76 × 76 cm,
fotografado pela artista

DIRETOR-EXECUTIVO Fabiano Curi

EDITORIAL
Graziella Beting (diretora editorial)
Laura Lotufo (editora de arte)
Kaio Cassio (editor-assistente)
Gabrielly Saraiva (assistente editorial/direitos autorais)
Lilia Góes (produtora gráfica)

RELAÇÕES INSTITUCIONAIS E IMPRENSA Clara Dias
COMUNICAÇÃO Ronaldo Vitor
COMERCIAL Fábio Igaki
ADMINISTRATIVO Lilian Périgo
EXPEDIÇÃO Nelson Figueiredo
ATENDIMENTO AO CLIENTE Roberta Malagodi
DIVULGAÇÃO/LIVRARIAS E ESCOLAS Rosália Meirelles

EDITORA CARAMBAIA
Av. São Luís, 86, cj. 182
01046-000 São Paulo SP
contato@carambaia.com.br
www.carambaia.com.br

copyright desta edição © Editora Carambaia, 2024
copyright © Esmé Weijun Wang, 2019

Título original: *The Collected Schizophrenias* [Minneapolis, 2019]

CIP-BRASIL. CATALOGAÇÃO NA PUBLICAÇÃO
SINDICATO NACIONAL DOS EDITORES DE LIVROS, RJ

W218e
Wang, Esmé Weijun
Esquizofrenias reunidas : ensaios / Esmé Weijun Wang ; tradução Camila von Holdefer ; posfácio Ary Gadelha.
1. ed. – São Paulo : Carambaia, 2024.
256 p. ; 21 cm.

Tradução de: *The Collected Schizophrenias*
ISBN 978-65-5461-064-3

1. Wang, Esmé Weijun. 2. Esquizofrênicos – Estados Unidos – Biografia. 3. Esquizofrenia – Estudos de caso I. Von Holdefer, Camila. II. Gadelha, Ary. III. Título.

24-89235   CDD: 616.890092   CDU: 929:616.895.8(73)
Gabriela Faray Ferreira Lopes – Bibliotecária CRB-7/6643

Fonte
Antonia

Papel
Pólen Bold 70 g/m²

Impressão
Ipsis